Le Troisième Secret:
La verité – sur la fausse version du Vatican

Iain Colquhoun

Sommaire

ISBN 13: 979-8634190327

Pour les Versions en Anglais:
ISBN-10: 1490551948   ISBN 13: 978-1490551944
Library of Congress Control Number: 2013913309

Iain Colquhoun
45 St Nicholas Court, Killay,
Swansea SA2 7AG, Wales, UK

www.solvesecret.co.uk
ifcolquhoun@hotmail.co.uk

Septembre 2013

Introduction

Il arrive parfois que des amateurs réussissent à faire des découvertes là où tous les experts ont échoué. Il suffit de penser à Champollion, qui résolut le mystère des hiéroglyphes égyptiens, à Michael Ventris, qui déchiffra l'écriture du mycénien, ou à Howard Carter, qui mit au jour la tombe de Toutankhamon. Leur réussite tient au fait qu'ils surent exploiter des éléments de preuve négligés par d'autres. Or, de mon point de vue, une telle démarche est essentielle pour résoudre le mystère du Troisième Secret de Fatima. Il nous suffit de nous concentrer sur les différents « signes évidents » qui ont été jusque là négligés.

Le premier de ces « signes évidents » porte sur une déclaration de Sœur Lucie concernant le Troisième Secret, à savoir que celui-ci figure dans les Évangiles et l'Apocalypse : « Lisez les Évangiles, lisez l'Apocalypse ». De la même manière, le Cardinal Ratzinger révéla en 1984 que le Secret portait sur les « dangers pour la foi et la vie des chrétiens et du monde », « les derniers temps » et qu'il « correspond à ce qu'annonce l'Écriture » (Jésus, novembre 1984). Il est possible de déduire de ces propos que les prophéties dont il est question renferment un message caché.

Mais quel genre de message ? Un message long et complexe... ou, au contraire, un message simple. Il existe un moyen de trancher, et ce du fait même que Notre-Dame a confié son secret à une enfant de dix ans qui en a immédiatement saisi la signification et en a conservé à jamais le souvenir intact. Or, un enfant ne se souvient pas de ce qu'il ne peut pas comprendre. Nous pouvons, par conséquent, en déduire que le contenu du Secret est par essence simple.

Alors, où est ce message ? Ne convient-il pas de rappeler que ces écritures contiennent des textes cryptiques ? Sont-ils la clé de ce mystère ? Ce qui suit est un travail de déduction. Nous nous intéresserons tout d'abord au message révélé par Notre-Dame en 1917, puis à une série d'événements survenus à la suite de ses avertissements. Ces événements suggèrent une théorie que nous comparerons ensuite avec ce qui est révélé par ces textes cryptiques.

CHAPITRE 1
LE MESSAGE DE NOTRE-DAME

Ce que l'on connaît aujourd'hui sous le nom de «Troisième Secret» fait référence à un message que Notre-Dame a révélé à trois enfants : Lucie dos Santos, François et Jacinthe Marto, à Fatima, au Portugal, le 13 juillet 1917. Après leur avoir montré une vision de l'Enfer, elle leur dit : « Vous avez vu l'Enfer où vont les âmes des pauvres pécheurs. Pour les sauver, Dieu veut établir dans le monde la dévotion à mon Cœur Immaculé » (ce « Premier Secret » conduit au « Deuxième ») : « Si l'on fait ce que je vais vous dire, beaucoup d'âmes se sauveront et l'on aura la paix. La guerre va finir, mais si l'on ne cesse d'offenser Dieu, sous le pontificat de Pie XI en commencera une autre pire encore. Quand vous verrez une nuit illuminée par une lumière inconnue, sachez que c'est le grand signe que Dieu vous donne qu'Il va punir le monde de ses crimes, par le moyen de la guerre, de la famine et des persécutions contre l'Église et le Saint-Père. Pour empêcher cela, je viendrai demander la consécration de la Russie à mon Cœur Immaculé et la communion réparatrice des premiers samedis du mois. Si l'on écoute mes demandes, la Russie se convertira et l'on aura la paix ; sinon, elle répandra ses erreurs à travers le monde, provoquant des guerres et des persécutions contre l'Église. Les bons seront martyrisés, le Saint-Père aura beaucoup à souffrir, plusieurs nations seront anéanties. » (Puis vint le Troisième Secret et elle conclut) « À la fin mon Cœur Immaculé triomphera. Le Saint-Père me consacrera la Russie qui se convertira, et il sera donné au monde un certain temps de paix. »

UNE CRITIQUE DU TEXTE PUBLIÉ PAR LE VATICAN EN 2000

Notre-Dame a fait savoir qu'elle souhaitait que le Troisième Secret soit révélé en 1960, mais à cette date, le Vatican annonça qu'il ne le révélerait pas. Toutefois, en faisant référence aux « paroles prononcées par Notre-Dame », il confirma qu'il s'agissait d'un message verbal. Mais, lorsqu'en juin 2000, le Vatican publia ce qu'il prétendit être le secret, en lieu et place d'un message verbal, il fit le récit d'une vision. Il s'agit de la première anomalie importante du texte publié par le Vatican. En outre, ce récit se démarque clairement des propos ci-dessus, de ceux qui les précèdent et de ceux qui les

suivent. Les paroles de Notre-Dame ont un sens précis. C'est ce qui explique pourquoi Lucie put s'en souvenir alors qu'elle était âgée de dix ans. À l'inverse, le récit de la vision a recours au symbolisme. Dès lors, le Vatican laisse entendre que Lucie a pu comprendre un message qui est passé des mots aux symboles ... et de nouveau à des mots : il s'agit de la deuxième anomalie importante du texte publié par le Vatican.

De plus, puisque de toute façon l'ensemble du message devait être gardé secret, pourquoi recourir au symbolisme ? Remarquez de quelle manière la « Russie » est évoquée dans le Deuxième Secret ainsi qu'à la fin du message. Notre-Dame révèle dans un premier temps que la Russie va persécuter l'Église et déclare, dans un second temps, « À la fin, le Saint-Père me consacrera la Russie et elle sera sauvée ». On s'attendrait, par conséquent, à ce que le récit du Vatican concernant le Troisième Secret fasse explicitement référence à la Russie ; or ce n'est pas le cas : troisième anomalie importante du texte publié par le Vatican. Une autre omission importante est à noter... Sœur Lucie a autrefois révélé que d'autres mots précédaient le Troisième Secret, à savoir que : « Au Portugal se conservera toujours le dogme de la Foi »... Tout en confirmant que le Secret est un message verbal, cela implique également que ce même dogme sera attaqué ailleurs dans le monde dans un processus qui conduira au Troisième Secret. Mais, dans le « commentaire » accompagnant son récit, le Vatican ne fait aucune référence à ces mots importants : quatrième anomalie importante du texte publié par le Vatican.

Voici donc l'essentiel de la « vision » qui, selon le Vatican, constitue le Troisième Secret : « Et nous vîmes dans une lumière immense qui est Dieu, quelque chose de semblable à la manière dont se voient les personnes dans un miroir quand elles passent devant un évêque vêtu de blanc. Divers autres Évêques, Prêtres, religieux et religieuses montaient sur une montagne escarpée, au sommet de laquelle il y avait une grande Croix en troncs bruts, comme s'ils étaient en chêne-liège avec leur écorce ; avant d'y arriver, le Saint-Père traversa une grande ville à moitié en ruine et, à moitié tremblant, d'un pas vacillant, affligé de souffrance et de peine, il priait pour les âmes des cadavres qu'il trouvait sur son chemin ; parvenu au sommet de la montagne, prosterné à genoux au pied de la grande Croix, il fut tué par un groupe de soldats qui tirèrent plusieurs coups avec une arme à feu et des flèches ; et de la même manière moururent les uns après les autres les Évêques, les Prêtres, les religieux et religieuses et divers laïcs, hommes et femmes de classes et de catégories sociales différentes. » (Le récit se termine par cette dernière phrase.) « Sous les deux bras de la Croix, il y avait deux Anges, chacun avec un arrosoir de cristal à la main, dans lequel ils recueillaient le sang des Martyrs et avec lequel ils irriguaient les âmes qui s'approchaient de Dieu ».

Le Vatican affirme que ce récit porte sur la montée du communisme et l'attentat contre le Pape. Toutefois, une question se pose : pourquoi, si Notre-Dame parlait à Lucie, ne lui a-t-elle pas simplement dit cela ? En outre, ce « secret » ne va même pas dans le sens de l'interprétation que le Vatican lui donne. En effet, il y est prédit la mort d'« un évêque en blanc ». Mais comment est-il possible que cela fasse référence à l'attentat perpétré contre le Pape Jean-Paul II en 1981 alors que ce dernier a survécu ? La vision fait état d'une procession entière attaquée par des soldats, l'attaque aboutissant à la mort d'un « évêque en blanc ». Mais à Rome, en 1981, seul un assaillant attaqua le Pape, et le Pape seulement, et celui-ci survécut : cinquième anomalie importante du texte publié par le Vatican.

Prenons maintenant la situation en sens inverse. S'il avait été tué, et si le « secret » du Vatican avait affirmé qu'il allait survivre à l'attaque, aurions-nous considéré ce secret comme véridique ? Cette différence avec ce qui s'est réellement passé laisse à penser qu'il s'agit d'un faux. Que rechercherions-nous en premier si nous soupçonnions l'existence d'un faux ? Quels seraient les « signes révélateurs » ?

Dans le monde de l'art, lorsque l'on étudie un faux, on cherche des indices qui trahissent le manque d'authenticité de l'œuvre. J'ai donc pour intention d'examiner la « version du Vatican » à la loupe afin de rechercher d'éventuelles anomalies. Nous ne devrions pas être « déconcertés » par le fait que cette version émane du Vatican. Pour poursuivre notre analogie de la peinture, si le Vatican détenait un faux et qu'un cardinal avait délivré un certificat d'authenticité, cela demeurerait néanmoins un faux. Tous les cardinaux du Vatican ne peuvent faire d'un faux un original. Le « secret », comme n'importe quelle autre possession du Vatican, devra réussir certains tests si son authenticité doit être confirmée. Mais quelle démarche devons-nous adopter ? Vous vous souvenez de notre précédent exemple sur les faux en matière de peinture ? L'expert va rechercher toute tentative visant à « copier » un « maître » reconnu grâce à des signes grossiers, ou non, d'imitation. Dans le cas présent, peut-on discerner de tels signes ? Intéressons-nous au début du récit : « Nous vîmes dans une lumière immense qui est Dieu, quelque chose de semblable à la manière dont se voient les personnes dans un miroir quand elles passent devant un évêque vêtu de blanc... » et comparons-le avec le récit fait par Sœur Lucie d'une apparition de Notre-Dame le 13 mai 1917 : « Elle ouvrit les mains, nous communiquant une lumière si intense, comme si elle nous expédiait un de ses rayons qui nous pénétrait dans la poitrine [...] .nous faisant nous voir nous-mêmes en Dieu qui était cette lumière, plus clairement que nous voyons dans le meilleur des miroirs » (4ème Mémoire).

Notez la réitération de « Dieu qui était cette lumière » et des personnes vues dans les miroirs. La ressemblance est assurément frappante. Mettez-vous à la place d'une personne essayant de créer un faux « Troisième Secret ». Les idées de base que vous souhaitez véhiculer sont la montée du communisme et un attentat contre le Pape. L'idée d'une « procession » pour symboliser l'Église est assez simple et n'est pas trop difficile à trouver. L'Église subit des persécutions de la part des communistes ; elle peut dès lors être représentée sous la forme d'une procession se dirigeant vers le haut d'une colline où elle est attaquée par des soldats, certains s'en prenant au Pape.

Maintenant, si une personne venait à décrire un tel scénario dans des termes évidents, cela éveillerait les soupçons. Une telle description serait beaucoup trop simpliste. Il faut par conséquent y ajouter une touche de « couleur locale » afin de « planter le décor », comme un faussaire qui ajouterait d'audacieuses fioritures pour parachever son œuvre. Or, un examen plus poussé du « secret » du Vatican permet de découvrir bon nombre de ces éléments superflus... Ainsi, la « croix » vers laquelle le cortège se dirige est faite de « troncs bruts, comme s'ils étaient en chêne-liège avec leur écorce » ; l'évêque se déplace « à moitié tremblant, d'un pas vacillant » et est tué par des soldats tirant avec « une arme à feu et des flèches ».

Le récit s'achève avec cette phrase : « Sous les deux bras de la Croix, il y avait deux Anges, chacun avec un arrosoir de cristal à la main, dans lequel ils recueillaient le sang des Martyrs et avec lequel ils irriguaient les âmes qui s'approchaient de Dieu » (un arrosoir, ou goupillon, est un instrument servant à répandre de l'eau bénite dans les cérémonies catholiques). Comparez-la avec ce passage de l'Apocalypse : « Et un autre ange vint et se tint debout devant l'autel, ayant un encensoir d'or ; on lui donna beaucoup de parfums, afin qu'il les offrît, avec les prières de tous les saints, sur l'autel d'or qui est devant le trône. » (8 : 3-4). Là encore, la ressemblance est frappante. Remplacez l'encensoir par l'arrosoir et la première phrase pourrait presque être une paraphrase de la seconde. D'où une sixième anomalie importante du texte publié par le Vatican. Ce que le passage ci-dessus fait bien sûr c'est achever l'ensemble du récit d'une manière tout à fait réconfortante. Peut-être était-ce le but recherché ? Peut-être ce « secret » a-t-il été créé à partir de différentes sources afin de nous persuader qu'il est le véritable récit ?

L'anomalie la plus importante de toutes tient peut-être au fait que la version du Vatican porte sur des événements passés. Or, une telle affirmation contredit les déclarations de Sœur Lucie et du Cardinal Ratzinger selon lesquelles le secret concernait des événements des derniers jours : c'est là la cinquième anomalie importante du texte publié par le Vatican. En résumé, le récit du Vatican ne parvient pas à « établir un lien » avec des événements qu'il prétend prédire, ainsi qu'avec ce qui avait été établi sur le Troisième Secret. J'ai, pour ma part, l'intention de m'appuyer sur des faits connus, ceux déjà établis, et non de les rejeter. Le point de départ de ma réflexion consiste à me demander si le message de Fatima nous avertit de l'imminence d'une attaque et si oui, par qui et envers qui ? Est-ce, en substance, ce sur quoi ce message porte ?

Dans le Deuxième Secret, Notre-Dame a révélé qu'à moins que la Russie soit consacrée à son Cœur Immaculé, cela « provoque[rait] des attaques contre l'Église... » dans un processus qui conduirait au Troisième Secret, après quoi « mon Cœur Immaculé triomphera, le Saint-Père me consacrera la Russie ». Le message doit assurément avoir une cohérence logique. Ce qui a été révélé dans la première partie doit mener aux deuxième et troisième parties, ainsi qu'à la conclusion. Certes, le fait même que le Pape doive consacrer la Russie afin de rétablir la paix implique que le Troisième Secret concerne une attaque par la Russie contre l'Église catholique ? En outre, puisque la consécration est une arme spirituelle, elle suppose une forme d'attaque spirituelle. Le fait que tous les évêques doivent s'unir avec le Pape pour réaliser cette consécration implique également que l'attaque a une portée universelle. Ensuite, les mots « À la fin mon Cœur Immaculé triomphera... » ont certainement un sens. Sœur Lucie a révélé que Notre-Seigneur lui avait dit une fois que « la consécration ser[ait] faite tardivement [...] [que] la Russie aurait déjà répandu ses erreurs... ». Ceci suggère une crise au cours de laquelle les attaques de la Russie obligeront finalement le Pape et ses évêques à réaliser la consécration. Rappelez-vous également aussi ces mots : « Au Portugal se conservera toujours le dogme de la foi. » Comme indiqué précédemment, cela sous-entend que ce dogme sera fragilisé dans les autres pays. Mais puisque la Russie se révèle être le protagoniste de cette attaque, cela implique également que la réalisation du Troisième Secret sera conditionnée à la remise en cause de ce même dogme par ce protagoniste, ce qui nous amène à un autre point. Notre-Dame a prédit une attaque contre l'Église par la Russie. Mais, alors que l'Église est une entité religieuse, la Russie est une entité politique. Il n'y a aucun point de convergence entre elles, et, de manière logique, l'une ne peut engendrer de crise chez l'autre. Mais un indice est donné par l'avertissement d'une attaque contre les doctrines de l'Église. Il est évident que la Russie ne pouvait attaquer directement, mais elle pouvait le faire par le biais d'un intermédiaire dont les « pouvoirs œcuméniques » étaient acceptables aux yeux de l'Église.

Enfin, demandons-nous quelle est la cause principale de cette attaque. Qui est à l'origine de toutes les attaques contre l'Église ? Certainement Satan, l'ennemi du salut de l'homme ? La Russie est donc l'intermédiaire par lequel Satan cherche à détruire l'homme et la consécration le moyen par lequel la Russie peut être rendue au Christ. Et si la Russie attaque l'Église, quelles options s'offrent à elle ? Logiquement, elle ne dispose que de deux méthodes pour agir : ouvertement ou secrètement. Le fait que Notre-Dame ait voulu que le secret soit révélé en 1960, parce qu'il « apparaîtrait plus clair », et n'aurait pas encore été accompli, implique-t-il une stratégie subversive à long terme ? Cette longue période a une autre conséquence : ce n'est pas à la portée d'une seule génération de mener à bien cette attaque ; elle doit se poursuivre de génération en génération. Mais alors, un tel laps de temps conforte notre opinion selon laquelle c'est Satan qui est à l'origine ultime de l'attaque. En outre, le fait que le secret doive « devenir plus clair » en 1960 suppose qu'une série d'événements était déjà en cours. Si nous savions quand ce processus a commencé, nous pourrions suivre ces événements tandis que leur conclusion tend à se concrétiser.

Conformément à sa promesse, Notre-Dame est apparue à Lucie le 13 juin 1929 et a annoncé : « Le moment est venu où Dieu demande au Saint-Père de faire, en union avec tous les évêques du monde, la consécration de la Russie à mon Cœur Immaculé. Il promet de la sauver par ce moyen ». Quelle importance ont ces propos pour le Troisième Secret ? Il s'agit simplement des conséquences du manquement de l'Église à se conformer à cette demande. En d'autres termes, « le moment » ignoré par l'Église correspond implicitement au moment où le secret devint imminent. Dès lors, il était logique de supposer qu'un événement survenu en juin 1929 allait conduire au Troisième Secret. Tout aussi logiquement, cet événement devait avoir lieu en Russie puisqu'elle était l'objet de la consécration.

CHAPITRE 2
LES DIFFÉRENTES ÉTAPES
DE L'ATTAQUE

De fait, l'apparition a coïncidé avec la persécution de l'Église catholique et de l'Église orthodoxe russe (EOR) par Staline. Une déclaration de Sœur Lucie en 1930 donne à penser en effet qu'il s'agissait de l'objectif initial de la consécration : « Le bon Dieu promet de mettre fin à la persécution en Russie, si le Saint-Père daigne faire, et ordonne à tous les Évêques du monde de faire également, l'acte solennel de consécration de la Russie » (Lettre adressée au Père Gonçalves et citée dans The Divine Impatience, États-Unis : Immaculate Heart Publications, 2000). Comme nous le verrons, à la suite de cette persécution, Staline a été en mesure de soumettre l'EOR et de l'utiliser au service de sa propagande. Elle fut également utilisée ultérieurement pour prendre le contrôle du mouvement œcuménique, du Conseil œcuménique des Églises et de ses différentes branches en Grande-Bretagne. Le danger serait venu de l'engagement de l'Église catholique dans cette même organisation.

ÉTAPE 1 : STALINE ASSUJETTIT L'ÉGLISE ORTHODOXE RUSSE

La persécution de Staline mit une forte pression sur les dirigeants de l'EOR. Ils pouvaient soit défendre l'Église soit se soumettre à la tyrannie. Le choix difficile auquel ils étaient confrontés était dès lors le martyre ou l'apostasie (l'abandon de la foi). On estime qu'en 1941, la hiérarchie cléricale était passée de 130 à 28 membres et le clergé de 50 000 à 500 membres.1
Mais, tandis que d'autres défendirent leur foi et en payèrent le prix, le métropolite Serge Stragorodsky (1861 - 1944) fut libéré de prison de manière étonnante en 1927 et fut, peu après, nommé par le gouvernement Administrateur de l'Église de Moscou. Sa coopération ultérieure avec l'État soviétique provoqua une division très nette au sein de l'Église et de nombreux évêques et prêtres toujours en prison

estimèrent que la hiérarchie avait « vendu son âme » à l'État athée. En avril 1929, les « lois sur l'association religieuse », particulièrement oppressives, furent adoptées et suivies par la persécution pure et simple, instaurée par Staline.2 Pendant cette même période, Stragorodsky « nia publiquement la persécution de l'Église et devint un partisan servile de la propagande soviétique. »3 Il demeura chef de l'Église tout au long de ces événements jusqu'à sa mort, en 1944. Les événements de 1927 et 1929 ont eu une grande importance sur ce qui a suivi. Le métropolite Serge Stragorodsky était alors à la tête d'une Église soumise à une persécution encore plus dure qu'auparavant, dans laquelle toutes les paroisses étaient sous le contrôle de l'État. La Russie de Staline était un pays où il devint un crime de défendre l'Église chrétienne de quelque manière que ce soit. Mais, comme le Cardinal Mindszenty l'écrivit : « Un voile de silence enveloppe désormais la période de la persécution et les martyrs qu'elle avait produits... »4 Objectivement parlant, l'échec du métropolite Serge Stragorodsky à défendre l'Église dans de telles circonstances, par son sang si nécessaire, a montré que les graines de l'apostasie avaient déjà germé dans cette Église, laquelle allait bientôt devenir un outil aux mains du dictateur soviétique.

ÉTAPE 2 : STALINE FAIT DE L'EOR UNE ARME DE PROPAGANDE

En 1917, Notre-Dame avait prophétisé qu'une Seconde Guerre mondiale allait éclater si ses demandes étaient ignorées. Au cours de cette guerre, les graines de l'apostasie semées en 1929 prirent racine et devinrent solidement implantées. Staline fut pris au dépourvu par l'invasion allemande, qui réalisa de grandes percées sur le territoire russe. Face à l'urgence extrême de la situation, le métropolite Serge Stragorodsky appela la nation à se rallier derrière Staline : le « Leader choisi par Dieu » pour sauver la « Sainte Mère Russie ». Dans une lettre pastorale il « appela tous les croyants à se joindre au combat mené pour le salut de la patrie ».5 Staline leva ensuite les restrictions imposées à l'Église orthodoxe afin qu'elle puisse promouvoir la guerre telle une croisade et encourager la résistance patriotique. À cette date, l'Église bénéficiait encore du large soutien de la population, qui suivit son exemple.

Après la bataille de Stalingrad, en 1943, les Allemands furent contraints de battre en retraite. Staline réalisa alors que la victoire sur l'Allemagne pouvait lui permettre d'étendre ses territoires en Europe de l'Est. S'il pouvait convaincre ses alliés de limiter leurs invasions en Europe à une seule attaque « écrasante » à travers la France, cela lui laisserait le champ libre pour occuper l'Europe de l'Est. Mais des raisons politiques incitaient Roosevelt à retarder cette invasion. Car, à la différence de Staline, il devait rendre des comptes sur le plan politique et savait que, lors de l'invasion, l'Amérique devrait subir de lourdes pertes, des milliers d'hommes étant voués à la mort. Dès lors, faire participer l'Amérique à cette invasion sans un mandat effectif aurait été synonyme de suicide politique, et ce d'autant plus que l'élection présidentielle se profilait, en novembre 1944. Il convenait d'agir et de convaincre le peuple américain qu'en répondant à l'appel de Staline l'Amérique ne contribuait pas à l'expansion du communisme.

À ce stade, Staline décida d'un plan visant à obtenir le soutien de ses alliés en prétendant libérer l'Église orthodoxe. Le 4 septembre 1943, il convoqua Stragorodsky et offrit à l'Église de nouveaux privilèges en échange de son soutien à la politique de l'État.6 Stragorodsky accepta et Staline « autorisa » ainsi l'EOR à élire Stragorodsky comme Patriarche7 : celui-ci fut intronisé le 12 septembre 1943 à la cathédrale de Moscou8 (notez l'extrême hâte...). Dans le même temps, Stragorodsky adressa un télégramme à l'Archevêque de Cantorbéry à Londres l'invitant à envoyer une délégation à Moscou pour marquer l'événement. Le 15 septembre 1943, l'Archevêque de York, le Dr Cyril Garbett laissa un message de félicitations de la part de l'Église d'Angleterre.9 À son arrivée, il fut accueilli comme un dignitaire, visita, comme de coutume, le Ballet du Bolchoï, et reçut tous les honneurs. Point d'orgue de cette visite, Stragorodsky célébra la liturgie orthodoxe dans la cathédrale de Moscou, accompagné dans le sanctuaire par le Dr Garbett, revêtu de sa chape et de sa mitre.10

Ces événements reçurent une publicité favorable et furent interprétés comme un signe de changement en Russie. À son retour, Mgr Garbett se rendit en Grande-Bretagne et aux États-Unis, annonçant qu'il y avait une « liberté totale de culte en URSS ».11 L'impact de cette visite sur la participation des États-Unis d'Amérique à l'invasion de la France fut décisif, puisque peu de temps après, Roosevelt annonçait à Téhéran l'engagement américain. Le biographe de Staline décrivit l'enchaînement des événements de la manière suivante :

« Le 4 septembre 1943, Staline décida de recevoir les dirigeants de l'Église ... et le lendemain, la Pravda annonça que le métropolite Serge convoquerait le Conseil des évêques pour élire un nouveau patriarche. Staline prit cette mesure pour deux raisons. Tout d'abord, parce qu'il reconnaissait la valeur patriotique de l'Église. La deuxième raison était liée à la situation internationale. Staline se préparait pour le sommet de Téhéran à la fin de l'année et avait l'intention de demander de nouveau l'ouverture d'un second front... Il décida qu'il était temps de faire un geste public afin de démontrer sa fidélité à l'Église. Il pensait que les pays occidentaux sauraient reconnaître ce signal et que cela lui permettrait d'obtenir la réponse souhaitée. » (puis, faisant référence au sommet, l'auteur affirme :) « L'idée d'un deuxième front fut enfin acceptée. Le 30 novembre, Roosevelt se tourna vers Staline avec un sourire et dit : 'Aujourd'hui, M. Churchill et moi-même avons pris la décision suivante sur la base des propositions de nos états-majors combinés : l'opération Overlord débutera en mai'. »12 (propos soulignés par l'auteur. Le « Jour J » fut reporté au 6 juin – IC).

Staline sut gagner le soutien de ses alliés en suggérant que la Russie avait changé, mais, comme le Cardinal Mindszenty en fit état, tout n'était que duperie : « La nouvelle de ce rapprochement entre le régime et l'Église se répandit dans tout le pays et dans le monde entier... Le Parti communiste accepta facilement la main tendue par l'Église orthodoxe russe. À l'étranger, cette entente donna à espérer que les communistes avaient commencé à accepter les principes démocratiques et s'étaient engagés sur la voie de la respectabilité 'bourgeoise'. En réalité, rien ne se déroulait ainsi. La liberté interne de l'Église n'avait pas été restaurée, et cette dernière était subordonnée à un bureau du gouvernement. En d'autres termes, elle était maintenue dans le carcan de l'État athée. »13 (Les conséquences du Concordat seront examinées dans le chapitre 8.)

Notez qu'une consécration réussie de la Russie telle qu'elle l'avait été demandée par Notre-Dame en 1929 aurait mis fin à la complicité de Stragorodsky et aux effets du « concordat » de 1943, qui permit l'établissement de l'Église orthodoxe russe comme instrument de la propagande d'État. La « Cambridge Encyclopedia of Russia » (1982) résume les effets du concordat de la manière suivante : « Le rôle patriotique joué par l'Église fut notable : de nouvelles opportunités s'offraient à elle dans le domaine diplomatique après la guerre. Son soutien indéfectible à la politique étrangère de l'État constituait une condition préalable de la réalisation du concordat sous Staline. Ce soutien fut offert par le Conseil mondial de la paix (à partir de 1949), la Conférence chrétienne pour la paix (à partir de 1958) et le Conseil œcuménique des Églises (à partir de 1961). »14 (Ceux-ci étaient des « organisations de façade » dont les membres infiltrés soutenaient les politiques soviétiques dans les institutions occidentales). Ainsi, l'importance de l'année 1929 ne réside pas seulement dans la persécution, mais aussi dans l'émergence d'un homme d'église, Serge Stragorodsky, qui, en 1943, soumit l'EOR au contrôle de l'État à des fins de propagande. Cela explique très certainement pourquoi Notre-Dame avait déclaré en juin 1929 que « le moment [était] venu ». Notre-Dame demanda également que le secret soit révélé en 1960, « car alors il deviendr[ait] plus clair ».15 Or, en 1960, l'héritage de Serge Stragorodsky, datant de 1943, était manifeste dans le lancement des « organisations de façade » susmentionnées. L'EOR demandait, de plus, à adhérer au Conseil œcuménique des Églises (COE).

Il est évident que ces « organisations de façade » se sont développées sur la base d'événements survenus en Russie à partir de 1929. Que pouvons-nous en conclure ? Puisqu'elles se sont développées à partir des événements de 1929, date à laquelle Notre-Dame annonça que « le moment [était] venu », jusqu'en 1960, lorsqu'elle affirma que le Troisième Secret deviendrait « plus clair », n'est-il pas raisonnable de supposer que le Secret révèle la persécution de l'Église universelle par la subversion de la Russie ? Une telle hypothèse est étayée par la coïncidence exceptionnelle d'un certain nombre d'événements. Au cours des jours précédant le « concordat » de Staline, Sœur Lucie fut frappée par une maladie inconnue qui, du fait de sa gravité, incita son évêque à lui demander d'écrire le secret sans délai. Il la rencontra le 15 septembre 1943[16] – le jour même où Mgr Garbett partit pour Moscou. Ainsi, si nos postulats concernant le secret sont exacts, la création de l'« Église apostate » correspond à la date à laquelle l'Église catholique fut providentiellement informée de ces développements sinistres.

ÉTAPE 3 : LA RUSSIE PREND LE CONTRÔLE DE L'ORGANISATION ŒCUMÉNIQUE

Il est évident que la « Conférence chrétienne pour la paix » (CCP) a été créée dans le but d'utiliser l'organisation œcuménique protestante du COE comme un moyen permettant de diffuser le soutien aux objectifs soviétiques à l'Ouest. Lors de sa création en 1958, elle comprenait l'EOR et les ecclésiastiques du bloc de l'Est, ainsi qu'à l'Ouest, le clergé protestant pro-communiste. Signe révélateur, ses dirigeants siégeaient au sein du COE et de ses ramifications. Ainsi, le métropolite Nicodème de l'EOR était à la fois président de la CCP et membre du Comité exécutif du COE[17] – tandis qu'à l'Ouest les membres de la CCP occupaient des postes importants au sein du Conseil britannique des Églises (CBE) et du Conseil des Églises écossaises (CEE). Dès lors, la CCP assurait un lien véritable entre la Russie et le « mouvement œcuménique ». Le contrôle sur le COE était également garanti par le vote en bloc des Églises dirigées par les Soviétiques,[18] grâce à la majorité confortable dont elles jouissaient avec les Églises du Tiers-Monde au sein du comité exécutif du COE.[19] D'où la position du COE en faveur de la politique soviétique exhortant l'Occident à se désarmer, soutenant la « théologie de la libération » dans le Tiers-Monde[20], finançant les terroristes marxistes en Afrique [21] et refusant de protester contre la persécution des chrétiens en Russie.

Une question se pose : pourquoi le COE était-il si adapté aux objectifs de la Russie ? Je m'intéressais à cette question lorsque j'ai soudain réalisé que les objectifs et les pratiques du COE et de ses différentes branches étaient étroitement corrélés à ceux d'une autre organisation. Considérons ce qui suit : le COE encourage les liens entre les religions chrétiennes et non-chrétiennes ; il est syncrétiste. De la même manière, la franc-maçonnerie tente de tisser des liens entre les religions chrétiennes et non-chrétiennes. Comme nous l'avons mentionné précédemment, le COE soutient les objectifs de la « révolution communiste dans le monde ». Or, la franc-maçonnerie a fait le lit des révolutions en France, en Russie et au Portugal. Leur objectif était de renverser l'influence de l'Église au profit d'un « nouvel ordre mondial ». Dans les pays catholiques, les francs-maçons anticléricaux ont de plus permis la séparation de l'Église et de l'État en vue d'adopter des lois permissives, notamment sur le divorce et l'homosexualité. Le même type de profil est présent en Grande-Bretagne au travers de la délégation du COE, le « Conseil britannique des Églises » (CBE), qui a soutenu la libéralisation de l'avortement22 et l'homosexualité,23 et a financé un groupe appelé « Grapevine », créé pour populariser l'acceptation des contraceptifs chez les écoliers. 24 Ainsi, différentes preuves suggèrent que le COE est une organisation maçonnique, d'où son aptitude à jouer un rôle instrumental dans une attaque contre l'Église. Notez que, parce que le clergé protestant à l'Ouest siégeait au sein des délégations de la CCP et du COE en Grande-Bretagne, il était en mesure d'y influencer la politique œcuménique de manière insidieuse.

J'ai suggéré que, dans le but de provoquer une attaque contre l'Église, la Russie avait tout d'abord besoin d'un intermédiaire, une personne avec des références acceptables aux yeux de l'Église. Le COE remplit ce rôle, et la raison pour laquelle les dirigeants de l'Église catholique furent dupés par le COE tient notamment à la promotion même de « l'œcuménisme ». Au cours des dernières années, « l'œcuménisme » joua un rôle prépondérant dans l'Église catholique, les liens avec le COE devenant par conséquent de plus en plus souhaitables. Beaucoup considèrent que ces liens ouvrirent la voie à une éventuelle « unité chrétienne ». L'organisation œcuménique protestante s'est en effet présentée comme un « leurre ». Le danger vint, dès lors qu'une partie de l'Église, pensant agir en tant que fer de lance de « l'unité », prit part à un plan visant à adhérer à cette organisation.

ÉTAPE 4 : LA RUSSIE PASSE À L'ATTAQUE VIA LE MOUVEMENT ŒCUMÉNIQUE

En 1984, le CBE et le CEE mirent sur pied un plan visant à obtenir l'engagement de l'Église catholique dans leurs organisations. En Écosse, ce plan fut institué par le Secrétaire général du CEE, le chanoine épiscopal Kenyon Edward Wright, membre de premier plan de la CCP. (Pour un compte-rendu des activités de cette personne, voir le chapitre 9).

Le contexte de ces événements est le suivant. Lorsque le Pape Jean-Paul II se rendit en Grande-Bretagne en 1982, les dirigeants du CBE et du CEE lui demandèrent de permettre à l'Église de rejoindre leurs organisations. Le Pape invita ensuite leurs représentants à Rome « afin de poursuivre les discussions »25 – L'issue fut évidente en 1984 lorsque le CBE et le CEE, en collaboration avec l'Église catholique en Grande-Bretagne, mirent en place le « dialogue inter-religieux »26 qui, en 1990, permit à l'Église de rejoindre un nouvel ensemble d'organes œcuméniques avec des confessions protestantes, comme étape vers « l'unité ». L'organisme compétent en Écosse, l'« Action of Churches Together in Scotland » ou ACTS (Action commune des Églises en Écosse), fut créé par un membre de premier plan de la CCP soviétique. Mais l'entrée de l'Église dans ces organisations (qui remplacent les anciens CBE et CEE) alla clairement à l'encontre de l'injonction du Pape Pie XI qui s'opposait à ce que l'Église rejoignit l'organisation œcuménique protestante (Mortalium Animos, 1928). Selon lui, cela compromettrait le témoignage essentiel de l'Église comme seule véritable Église. Comme indiqué précédemment, un autre facteur aurait dû s'opposer à ce plan : celui de la corrélation existant entre les objectifs et les pratiques du COE et de ses délégations et ceux de la franc-maçonnerie. Ainsi, comme nous l'avons vu, le CBE avait soutenu la libéralisation de l'avortement et toléré l'acceptation de l'homosexualité en Grande-Bretagne. Mais, en dépit de ces faits, le plan put atteindre son point d'orgue en 1990 lorsque l'Église rejoignit la nouvelle organisation œcuménique susmentionnée. De plus, lorsque les évêques écossais rencontrèrent le Pape Jean-Paul II à Rome en 1992, celui-ci félicita publiquement leur participation à ACTS !27

À la suite de leur décision de rejoindre ACTS en 1990, les évêques d'Écosse subirent des pressions afin de permettre l'intercommunion* et d'accepter les ordres anglicans, ce que le Pape Léon XIII qualifia de « dépourvu de toute valeur et parfaitement inutile ». 28 Mais la seule façon pour nos évêques de démontrer leur acceptation de ces « ordres » aurait été d'inviter un ministre anglican à se joindre à eux lors de la célébration d'une messe en qualité de principal « célébrant ». Ainsi, lorsqu'il prononcerait les paroles de la consécration, le pain et le vin seraient inchangés : ils resteraient des objets matériels. Toutefois, en étant adorés par le clergé catholique, ils constitueraient des idoles. Or, dans la mesure où cela aurait déplacé le Christ de l'autel, cela aurait aboli la messe. Ainsi, c'est en suivant une « série d'événements » que nous arrivons à une attaque subversive de la messe. Est-ce ce que révèle véritablement le Troisième Secret ? Comment pouvons-nous le vérifier ? Assurément en examinant ces prophéties que le Pape Benoît a révélées et qui contiennent le Troisième Secret.

*par exemple de l'Église d'Écosse, dont l'Assemblée générale en 1992 encouragea vivement l'intercommunion, d'ACTS (créé par Canon Wright), et dans une pétition de la Communauté d'Iona largement distribuée en 1997 à travers toute l'Écosse.

CHAPITRE 3
LES SECRETS DE L'ÉCRITURE

Il semble logique de rechercher une telle confirmation dans les « textes cryptiques » sur les derniers jours, et principalement là où Notre-Seigneur annonce l'établissement de « l'abomination de la désolation dont a parlé le prophète Daniel, établie en lieu saint », puis il est ajouté les mots suivants « que celui qui lit fasse attention » (Évangile selon Matthieu, 24 : 15). Puisque dans l'Écriture le terme « abomination » signifie idole, et puisque Notre-Seigneur révèle qu'elle sera établie « en lieu saint », le lien avec notre hypothèse est évident. Cependant, le fait que nous soyons invités à « faire attention » à ce texte implique un sens caché. Intéressons-nous maintenant à la prophétie de Notre-Seigneur dont il a été fait référence et qui figure au chapitre 9 du livre de Daniel (versets 23 à 27). Ceci fait suite à la prophétie annoncée au chapitre 7 de ce même livre selon laquelle un empire attaquera l'Église à la fin des temps. Son attaque est dirigée par celui qui « [fait] la guerre aux saints et l'emport[e] sur eux » mais il est vaincu par le « fils de l'homme » (13-21). Le chapitre 9 révèle que l'agresseur, l'Antéchrist, lancera cette attaque en entrant dans « le sanctuaire », en supprimant « le sacrifice » et en établissant « l'abomination de la désolation ». De toute évidence, cet événement ne peut pas se référer à une attaque contre le Temple juif puisque celui-ci fut détruit en 70 après J.-C. Le fait que Notre-Seigneur fasse allusion aux derniers jours implique-t-il une attaque non pas sur ce Temple, mais sur ce qu'il a préfiguré, à savoir le sanctuaire de l'Église catholique ? Or, quel sacrifice y est offert ? Celui de la messe ? Dès lors, est-ce là la cible de l'attaque de l'Antéchrist ?

Notez le nom du lieu où l'« abomination » sera établie : « en lieu saint ». Ce nom découle de l'instruction donnée à Moïse de présenter douze miches de pain dans « un lieu saint » du Temple : « Tu en feras douze gâteaux [...] Tu les placeras en deux piles, six par pile, sur la table d'or pur devant l'éternel... il sera sur le pain comme souvenir, comme une offrande consumée par le feu devant l'éternel. Chaque jour de sabbat, on rangera ces pains devant l'éternel, continuellement : c'est une alliance perpétuelle qu'observeront les enfants d'Israël. Ils appartiendront à Aaron et à ses fils, et ils les mangeront dans un lieu saint ; car ce sera pour eux une chose très sainte, une part des offrandes consumées par le feu devant l'éternel. C'est une loi perpétuelle. » (Lévitique, 24 : 5-9 ; Épître aux Hébreux, 9 : 2). Lors de la Cène, le Christ utilisa le même symbole du pain en instituant le sacrifice de la Messe, accomplissant tout ce que le rite antérieur avait préfiguré, comme Origène le confirma (P.G. XII col 547). Ceci implique que l'idole sera établie sur le nouveau lieu saint, à savoir l'autel de l'église, là où le Christ est présent sous la forme du pain et du vin. Tous ces éléments tendent à confirmer que la cible de l'attaque de l'Antéchrist est bien la Messe. Mais certaines questions se posent. Par exemple, comment une personne pourrait-elle avoir accès au sanctuaire afin d'y placer une idole ?

Pour obtenir des réponses, intéressons-nous au récit de l'attaque de l'Antéchrist écrit par Saint Paul dans sa deuxième lettre aux Thessaloniciens. Celle-ci fait suite aux rumeurs selon lesquelles le retour du Christ serait imminent. Mais Saint Paul écrivit : « Il faut que l'apostasie soit arrivée auparavant, et qu'on ait vu paraître l'homme du péché, le fils de la perdition, l'adversaire qui s'élève au-dessus de tout ce qu'on appelle Dieu ou de ce qu'on adore, jusqu'à s'asseoir dans le temple de Dieu, se proclamant lui-même Dieu. Ne vous souvenez-vous pas que je vous disais ces choses, lorsque j'étais encore chez vous ? Et maintenant vous savez ce qui le retient, afin qu'il ne paraisse qu'en son temps. Car le mystère de l'iniquité agit déjà ; il faut seulement que celui qui le retient encore ait disparu. Et alors paraîtra l'impie. » (Deuxième épître aux Thessaloniciens, 2 : 1-7). Notez que « ce rebelle » « s'élev[era] au-dessus de tout ce qu'on appelle Dieu ou de ce qu'on adore, jusqu'à s'asseoir dans le temple de Dieu, se proclamant lui-même Dieu. (propos soulignés par l'auteur – IC).

Saint Paul déclare ensuite qu'il « faut seulement que celui qui retient encore [l'iniquité] ait disparu », mais comment y parvenir ? Il est intéressant de noter que cet « adversaire [...] s'élève au-dessus de tout ce qu'on appelle Dieu ou de ce qu'on adore, jusqu'à s'asseoir dans le temple de Dieu, se proclamant lui-même Dieu ». Puisque l'« action » survient dans le temple de Dieu, cela implique qu'il « s'élève » au-dessus de ce qui est adoré dans ce lieu. Mais qu'est-ce que ce « temple de Dieu » ? Dans la dispensation chrétienne, il s'agit du lieu où les prêtres catholiques célèbrent la Messe. Or, dans la Messe, le Christ est présent et est adoré. Dès lors, cela implique que c'est à l'eucharistie que l'impie s'oppose. Saint Paul ajoute que le mystère de l'iniquité est retenu par celui qui doit disparaître « et alors apparaîtra l'impie ». Ces propos font certainement référence au Christ qui, par Son action lors de la Messe, maintient Satan attaché. Est-ce à dire que cet « adversaire », identifié ultérieurement comme étant l'Antéchrist, Le fera disparaître ? Saint Paul révèle qu'à la suite de cette intervention, Satan sera en mesure de réaliser des « miracles » (v. 9) dans le but de duper les fidèles. De toute évidence, il serait impossible de lancer une telle attaque sans la complicité des dirigeants de l'Église. Le « sanctuaire » est leur domaine et placé sous leur protection. Dès lors, une telle personne ne pourrait entrer sans leur permission. Notez que, selon les propres termes de Saint Paul, l'adversaire ira « jusqu'à s'asseoir dans le temple de Dieu », ce qui implique qu'il prend cette place comme si elle lui revenait de droit. Ceci est en accord avec l'idée de l'inviter à participer à une Messe. Cette invitation suppose en outre la complicité d'une partie des évêques de l'Église. Le texte sous-entend qu'il manque d'ordres valides puisque ses actions ont pour effet de retirer le Christ de l'autel. S'il s'agissait réellement d'un prêtre catholique, il ne Le retirerait pas de l'autel mais, au contraire, Le rendrait présent.

En résumé, ces deux textes sur la fin des temps confirment l'hypothèse selon laquelle la Messe est la cible de l'attaque, et que la valeur de celle-ci sera minée par une personne ne disposant pas d'ordres valides, dont l'intervention déplacera le Christ de l'autel et établira une idole comme objet de culte, abolissant ainsi la Messe et permettant à Satan de réaliser des « miracles » afin de duper les fidèles et de les inciter à suivre l'Antéchrist. Selon les Évangiles, cette attaque sera accompagnée d'une grande persécution de l'Église dans le monde (Évangile selon Matthieu, 24 : 9).

Ceci nous conduit au récit ultime de ces événements dans les Écritures. L'Apocalypse confirme-t-elle nos conclusions ? Ce texte fournit-il ce qui est maintenant nécessaire, à savoir un moyen de déterminer si ces événements se situent loin dans le futur, ou si leur survenue est imminente ?

UNE DERNIÈRE IMAGE APPARAÎT

Dans le livre de l'Apocalypse le récit des derniers jours commence au chapitre 12 avec l'apparition d'une « femme enveloppée du soleil ». Pour beaucoup, cet événement correspond à l'apparition de Notre-Dame à Fatima : en effet, lorsque le Pape Jean-Paul II se rendit à Fatima en 2000 pour béatifier Jacinthe et François, il confirma cette corrélation : « Conformément au plan divin, une 'femme enveloppée du soleil' (Apocalypse 12 : 1) est descendue du ciel sur la terre pour visiter les enfants privilégiés du Père... Dans sa sollicitude maternelle, la Sainte Vierge est venue à Fatima pour demander aux hommes et aux femmes de cesser d'offenser Dieu... ». Mais on ne peut interpréter cette partie de l'Apocalypse seule, et établir une telle corrélation implique que les révélations qui suivent dans ce livre attendent leur accomplissement dans les temps à venir.

Intéressons-nous à ce que l'Apocalypse révèle après l'apparition de « la femme ». Un « dragon » apparaît, représentant Satan, et encourage « une bête » à attaquer « les disciples de Jésus » qui représentent l'Église. La bête a reçu le pouvoir de « faire la guerre aux saints, et de les vaincre [...]. Et il lui fut donné autorité sur toute tribu, tout peuple, toute langue, et toute nation (13 : 6, 7). Le fait qu'elle attaque l'Église tout en ayant autorité sur toutes les personnes suggère un pouvoir politique ou une nation. De fait, le chapitre 7 du livre de Daniel décrit également « une bête » attaquant les saints dans les derniers jours, et puisque Daniel révèle qu'elle représente un puissant empire, il est possible d'en conclure qu'il en est de même dans l'Apocalypse (Livre de Daniel, 7 : 13 ff).

L'Apocalypse révèle une « caractéristique » de cette « bête », à savoir qu'elle a « l'une de ses têtes comme blessée à mort ; mais sa blessure mortelle fut guérie. Et toute la terre était dans l'admiration derrière la bête » (13 : 3). Assurément, cela doit avoir un lien avec les événements dont nous avons parlé précédemment ? Lorsque les Allemands envahirent la Russie en 1941, ils occupèrent de vastes territoires et arrivèrent jusqu'aux portes de Moscou. Mais la nation s'unit, chassa l'envahisseur et émergea comme une grande puissance mondiale. Si cette corrélation est valable, cela implique que les événements relatés par la suite dans l'Apocalypse se rapportent également à nos jours.

L'Apocalypse annonce ensuite la venue d'une « autre bête » qui « avait deux cornes semblables à celles d'un agneau, et qui parlait comme un dragon. Elle exerçait toute l'autorité de la première bête en sa présence » (13 : 11). Le récit se poursuit ainsi : « Elle opérait de grands prodiges, même jusqu'à faire descendre du feu du ciel sur la terre, à la vue des hommes. Et elle séduisait les habitants de la terre par les prodiges qu'il lui était donné d'opérer en présence de la bête, disant aux habitants de la terre de faire une image à la bête qui avait la blessure de l'épée et qui vivait. Et il lui fut donné d'animer l'image de la bête, afin que l'image de la bête parlât, et qu'elle fît que tous ceux qui n'adoreraient pas l'image de la bête fussent tués. » (versets 13 à 15).

L'action de cette « bête » forçant les fidèles à adorer une « image » sous peine de mort, provoquant ainsi une persécution de l'Église, révèle qu'il s'agit d'une personne humaine, et donc de l'Antéchrist. L'« image » correspond clairement à « l'abomination de la désolation » évoquée au chapitre 24 de l'Évangile selon Matthieu (verset 15). D'après les versets 1 à 10, une fois que cette idole sera établie, la première bête aura pour rôle d'imposer son culte à travers le monde.

Le livre de l'Apocalypse nous donne un moyen d'identifier l'Antéchrist. Il nous est dit que la « première bête » est le « serviteur de la seconde » et qu'elle a « deux cornes semblables à celles d'un agneau, et [...] parle comme un dragon » (13 : 11). Puisque l'Apocalypse représente toujours le Christ sous la forme de « l'Agneau », cela implique que l'Antéchrist viendra sous une apparence chrétienne, mais sera le messager de Satan. Il nous est également dit que : « elle faisait que la terre et ses habitants adoraient la première bête » (13 : 12). Quel genre de personne « nous fait adorer » ? Assurément, un ministre du culte. Ce lien avec ce que Saint Jean révèle : que l'Antéchrist est « sort[i] du milieu de nous, mais [il] n'ét[ait] pas des nôtres » (Évangile selon Jean, 2 : 19) est une référence au ministère chrétien. Le troisième « signe évident » porte sur le fait que la seconde bête « exerc[e] toute l'autorité de la première bête » ; or, si cette bête représente la Russie, cela implique qu'elle y est liée d'une certaine façon, très probablement en tant qu'agent au service de celle-ci. De manière significative, lorsque le livre de l'Apocalypse affirme que la première bête a une blessure mortelle qui a ensuite guéri, il ajoute : « Et toute la terre était dans l'admiration derrière la bête » (13 : 3). Comme cette étape ne sera atteinte que lorsque l'Antéchrist viendra, il doit exister un lien de causalité entre la victoire de la Russie en temps de guerre et la venue de l'Antéchrist.

De fait, nous avons déjà évoqué cette série d'événements dans le chapitre 2. Nous avons démontré de quelle manière Staline avait utilisé l'EOR comme instrument de propagande pour tromper ses alliés et les inciter à attaquer en passant uniquement par la France, le laissant maître de l'Europe de l'Est. Après sa réussite en temps de guerre, l'EOR joua un rôle de premier plan vis-à-vis du mouvement œcuménique et l'un de ses membres mit en place un plan d'unité qui, en favorisant la participation des catholiques, ouvrit la voie à une attaque de la Messe. Cela nous amène à nous demander si le livre de l'Apocalypse révèle que la Messe est la cible d'une attaque. Le chapitre 5 fait le récit d'un culte accordé à « un agneau qui était là comme immolé » (versets 6 à 14), or selon le père J.P. Arendzen : « Il représente l'emblème du Christ, telle la victime expiatoire tuée en sacrifice pour les péchés de l'humanité, qui, après avoir été crucifiée, est ressuscitée des morts et montée au ciel, pour y plaider à jamais les mérites de Son sacrifice expiatoire devant le trône de Dieu » (Notes on the New Testament, Sheed & Ward, 1947, propos soulignés par l'auteur - IC). L'Église vénère sur la terre ce même agneau lors du sacrifice de la Messe : le véritable objet de l'adoration de l'humanité, et donc la cible logique de l'attaque de l'Antéchrist.

Enfin il est déclaré dans l'Apocalypse « Que celui qui a de l'intelligence calcule le nombre de la bête. Car c'est un nombre d'homme, et son nombre est six cent soixante-six » (13 : 18). Ce que tous les textes sur la fin des temps prévoient par conséquent c'est un moyen de reconnaître l'Antéchrist avant qu'il ne vienne. De fait, ces textes révèlent toutes les circonstances de l'attaque à venir. Pour être pleinement avertis, nous devons connaître l'identité de l'assaillant, son objectif, sa stratégie, et enfin le lieu où il a l'intention de frapper. Tous les textes pertinents sont précédés par des expressions telles que « que celui qui lit fasse attention » (Évangile selon Matthieu, 24 : 15) ou comme ci-dessus « Que celui qui a de l'intelligence... ». Il est évident qu'à un moment ces textes sont destinés à révéler leurs significations afin de nous avertir et de nous permettre de tenir bon face à la persécution. La stratégie de l'Antéchrist étant basée sur la duperie, les textes nous mettent en garde. Les propres paroles du Christ sont les suivantes : Prenez garde que personne ne vous séduise. Car plusieurs viendront sous mon nom, disant : 'C'est moi qui suis le Christ'. Et ils séduiront beaucoup de gens.[...] Alors on vous livrera aux tourments, et l'on vous fera mourir ; [...] Mais celui qui persévérera jusqu'à la fin sera sauvé [...]. lorsque vous verrez l'abomination de la désolation, dont a parlé le prophète Daniel, établie en lieu saint, que celui qui lit fasse attention ! [...] Car alors, la détresse sera si grande qu'il n'y en a point eu de pareille depuis le commencement du monde jusqu'à présent, et qu'il n'y en aura jamais. Si quelqu'un vous dit alors : 'Le Christ est ici', ou : 'Il est là', ne le croyez pas. Car il s'élèvera de faux Christs et de faux prophètes ; ils feront de grands prodiges et des miracles, au point de séduire, s'il était possible, même les élus. Voici, je vous l'ai annoncé d'avance. » (Évangile selon Matthieu, 24 : 5, 9, 13, 15-25).

Comme indiqué, ces textes révèlent les circonstances de l'attaque. Mais un aspect essentiel demeure caché. Nous ne savons toujours pas où elle aura lieu. Il existe toutefois dans le chapitre 17 du livre de l'Apocalypse un texte important qui commence, lui aussi, par les mots suivants : « C'est ici l'intelligence qui a de la sagesse » et se poursuit en désignant le lieu de l'attaque. Ce récit fait suite à la vision de la « grande prostituée avec qui tous les rois du monde ont commis la fornication », assise sur « une bête écarlate, pleine de noms de blasphème, ayant sept têtes et dix cornes. » Le nom de cette femme est « Babylone la grande, la mère des impudiques et des abominations de la terre [qui était] du sang des saints et du sang des témoins de Jésus ». Puis l'ange révèle : « Je te dirai le mystère de la femme et de la bête qui la porte, qui a les sept têtes et les dix cornes [...]. C'est ici l'intelligence qui a de la sagesse. Les sept têtes sont sept montagnes, sur lesquelles la femme est assise. [...] Et la femme que tu as vue, c'est la grande ville qui a la royauté sur les rois de la terre. » 1-9).

Il existe une corrélation évidente entre la « bête écarlate » mentionnée ci-dessus et « la première bête » du chapitre 13 : 1 du livre de l'Apocalypse. Et puisque nous avons déterminé que celle-ci désignait la nation persécutrice, il est clair que ce qui précède symbolise un facteur supplémentaire de l'attaque : quelque intermédiaire qui s'associerait à son attaque contre l'Église. Dès lors, si la « première bête » désigne la Russie, tel que nous le supposons, que désigne « la prostituée » ? N'est-il pas significatif de noter que, dans l'Ancien Testament, la prostitution représentait une apostasie, l'abandon du vrai Dieu ? Puisque cette « prostituée » règne sur les rois et le monde du commerce (cf. chapitre 18), il est logique de supposer qu'il s'agit d'une organisation corrompue et secrète farouchement opposée à l'Église. Le nom de « Babylone » nous donne un indice. Historiquement, c'est là que les Juifs furent exilés en 586 avant J.-C. pour les punir d'avoir adoré Baal, le dieu tutélaire de Babylone. Or, quelle organisation exerce un contrôle corrompu de la politique et du commerce, est hostile à l'Église et sert encore Baal ? La réponse est assurément la franc-maçonnerie ; dans ses « temples » est adoré un dieu appelé « Jah-Bul-on », au centre duquel se révèle le nom du même dieu Baal adoré à Babylone – un nom traditionnellement considéré comme étant synonyme du Diable. Dès lors, il est logique de supposer que le symbolisme ci-dessus représente l'alliance de la Russie et de la franc-maçonnerie et que l'attaque de la Russie contre l'Église sera facilitée par la franc-maçonnerie. Puisque cette attaque commence avec la venue de l'Antéchrist, il est également logique de supposer que l'endroit où la « prostituée » se trouve indique le lieu où il va frapper, à savoir une « ville près d'eaux eaux abondantes, sur sept collines » (Livre de l'Apocalypse, 17 : 19).

Or, ne convient-il pas de rappeler que les dangers actuels proviennent de l'Église catholique en Écosse, du fait qu'elle a rejoint un nouvel « organisme œcuménique » avec des confessions protestantes, qui exerce une pression sur notre hiérarchie pour accepter des « ordres » protestants ? Cet « organisme » fut fondé par une branche du COE, dont les objectifs et les pratiques correspondent à ceux de la franc-maçonnerie. La Loge intervient évidemment comme le moyen essentiel par lequel la Russie accède à l'Église. Notons également qu'Édimbourg se trouve sur sept collines près d'eaux abondantes. Dès lors, tous les éléments semblent réunis pour faciliter l'émergence de celui qui, en renversant le culte de l'Église, permettra à Satan d'inciter la Russie à dominer le monde.

Vous pouvez décider à ce stade de rejeter les interprétations de l'Écriture offertes par un profane. Mais dans son encyclique sur l'érudition biblique, le Pape Léon XIII autorisa de telles interprétations : «Laissez les Catholiques cultiver la science de la critique comme instrument le plus utile pour la bonne compréhension des Saintes Écritures. Ils ont toute notre approbation... Il existe quelques éléments au sujet desquels la Sainte Église n'a encore fait aucune déclaration certaine et définitive. À cet égard, il est loisible à chaque érudit catholique d'avoir et de défendre sa propre opinion » (Lettre apostolique Vigilante). Traditionnellement, les interprétations soutenues par les Pères de l'Église ont bien sûr davantage de poids. Dès lors, comment interprètent-ils les textes pertinents ?

CE QU'EN PENSENT LES PÈRES DE L'ÉGLISE

Voici comment Hippolyte (180-245) interpréta le texte figurant dans le chapitre 9 du livre de Daniel : « Dans le milieu (de la dernière « semaine ») apparaîtra l'abomination de la désolation : l'Antéchrist annonçant la dévastation dans le monde. Et lorsqu'il apparaîtra, le sacrifice et l'oblation seront supprimés, alors qu'ils sont à l'heure actuelles offerts à Dieu en tout lieu par les nations ». (Commentaire sur Daniel, 22).

De même, saint Irénée (d. 202) écrivit : « Gabriel révèle la durée de la tyrannie, période au cours de laquelle les saints seront mis en fuite, eux qui offrent un sacrifice pur à Dieu : « Et au milieu de la semaine », dit-il, « le sacrifice et l'oblation seront supprimés, et l'abomination de la désolation sera introduite dans le temple jusqu'à la fin des temps ». (Ad Heresias V : 25).

Plus tard, St Alphonse de Liguori, Docteur de l'Église, écrivit : « Le diable réussit toujours à se débarrasser de la Messe grâce à l'aide d'hérétiques, faisant d'eux les précurseurs de l'Antéchrist qui réussira à abolir, comme punition des péchés des hommes, le Saint Sacrifice de la Messe, exactement comme Daniel l'avait prédit. » (La Messa e l'Officio Strapazatti, Opere Ascetiche).

En effet, le Cardinal Manning déclara : « Les Saints Pères qui ont écrit sur le sujet de l'Antéchrist et les prophéties de Daniel, sans exception, autant que je le sache disent tous unanimement que lors de la fin du monde, sous le règne de l'Antéchrist, le Saint Sacrifice de l'Autel cessera » (The Present Crisis of the Holy See, 1861).

Les éléments susmentionnés tendent à confirmer l'hypothèse selon laquelle le véritable Troisième Secret porterait sur la venue de l'Antéchrist. Cela soulève la question de savoir si cette attaque est imminente. Il est intéressant de noter que, dans son discours au Congrès eucharistique américain en 1976, le Cardinal Wojtyla déclara : « Nous faisons actuellement face à la plus grande confrontation historique que l'humanité ait jamais traversée. Je ne pense pas que le cercle plus large de la communauté chrétienne le réalise pleinement. Nous sommes face à la confrontation finale entre l'Église et l'Anti-Église, l'Évangile et l'Anti-Évangile. Cette confrontation réside dans les plans de la Divine Providence ; c'est une épreuve que l'Église doit traverser » (cité dans le Wall Street Journal le 9 novembre 1978 – propos soulignés par l'auteur).

Lorsqu'il devint Pape, il parla une nouvelle fois d'« épreuves » en référence au Troisième Secret. Tout d'abord, il affirma qu'« en raison de la gravité de son contenu, afin de ne pas encourager les pouvoirs du communisme dans le monde entier à lancer certaines attaques, mes prédécesseurs à la Chaire de Pierre ont préféré, de manière diplomatique, différer sa publication » puis ajouta : « Nous devons être prêts à subir de grandes épreuves dans un avenir relativement proche ; ces épreuves exigeront de nous que nous soyons prêts à donner nos vies, ainsi qu'un don absolu de soi au Christ et pour le Christ » (Rencontre à Fulda, en Allemagne : Stimme des Glaubens, novembre 1980, propos soulignés par l'auteur). Une « épreuve » au cours de laquelle nous devrons être prêts à donner notre vie implique, bien sûr, l'existence d'une période de persécution. Et si un tel moment est en effet imminent, et qu'il s'agit, comme l'affirma le Pape par la suite, d'« une épreuve que l'Église doit traverser », une question se pose : comment le pouvons-nous, alors que nos dirigeants continuent de nous dissimuler le contenu de cette épreuve ?

À cet égard, notons la différence entre la raison invoquée en 1980 pour différer la révélation du Secret et ce que le Vatican publia en 2000. Comment un message formulé en termes aussi symboliques et vagues aurait-il pu encourager « les puissances mondiales du communisme à attaquer » ? Tout cela indique une certaine ambivalence de la part de nos dirigeants. Ces derniers semblent vouloir révéler ces dangers, mais uniquement en des termes non spécifiques. Ainsi, le Pape Benoît XVI déclara que le Secret concernait « des dangers pour la foi et la vie des chrétiens et donc du monde dans les derniers jours ». Ses déclarations ont été faites lors d'une interview, mais lorsque celle-ci fut publiée sous la forme d'un livre – Le Rapport Ratzinger – ces propos furent opportunément omis. Nos dirigeants ont clairement conscience de ces dangers, mais ne sont pas disposés à nous les révéler. Peut-être pensent-ils qu'ils concernent l'avenir. Mais une telle hypothèse revient à ignorer le fait que les conditions prédisposant à une attaque sont déjà établies à travers l'implication de l'Église dans le mouvement œcuménique protestant, au mépris des enseignements clairs du Pape Pie XI.

Pour résumer, les prophéties annoncent que l'Antéchrist établira une idole sur l'autel à la place du Christ, puis une nation imposera le culte de cette idole sous peine de mort. Cette épreuve ne finira pas dans la défaite, mais dans la victoire du peuple de Dieu. Une telle perspective est toutefois obscurcie par ce que le Vatican affirme concernant le Troisième Secret. Nous pourrions exprimer ce que nous avons découvert de la manière suivante :

« Au Portugal se conservera toujours le dogme de la foi, mais ailleurs la Russie affaiblira ce même dogme et favorisera ainsi l'émergence de l'Antéchrist, un agent au service de la Russie. Il est celui annoncé par l'Écriture qui abolira la Messe et érigera une idole pour le culte de l'humanité tout entière. Puis la Russie envahira toutes les nations, les forçant toutes à adorer l'idole sous peine de mort. Les hommes ne seront plus protégés des tromperies de Satan par la présence du Christ dans la Messe, ce qui lui permettra de présenter de faux miracles afin de suggérer que l'Antéchrist est Dieu. Ces faux miracles conduiront de nombreuses personnes à le suivre et à abandonner la foi. Mais les chrétiens doivent refuser de le faire et doivent tenir bon face à la persécution. Cette persécution sera occasionnée par l'Antéchrist participant à une Messe. Telle sera la tentative de Satan de mettre en place son propre royaume sur la Terre, à la place de l'Église. Mais à la fin, mon Cœur Immaculé triomphera, le Saint-Père me consacrera la Russie qui sera sauvée et il sera donné au monde un certain temps de paix. »

CHAPITRE 4

LE TRIOMPHE DU CŒUR IMMACULÉ

Notre-Dame promit qu'une fois la Russie consacrée à son Cœur Immaculé par le Pape et tous ses évêques, celle-ci sera convertie et la paix reviendra. De toute évidence, c'est par ce moyen que l'Église vaincra ses ennemis. Notons que la consécration permet aux dirigeants de l'Église de rétablir la paix, mais la Russie doit tout d'abord être explicitement consacrée au Cœur Immaculé de Marie. Pourquoi cette consécration devrait-elle permettre de rétablir la paix ? L'expression même « Cœur Immaculé de Marie » nous donne la réponse à cette question. Car, au travers de la connaissance qu'a Dieu des mérites rédempteurs du Christ gagnés sur le Calvaire, Marie a été conçue exempte du péché originel pour être la digne mère de Son Fils. De plus, elle fut si intimement liée à Sa mission salvifique sur le Calvaire qu'elle mérita un rôle dans la défaite finale de Satan. Ainsi, la dévotion au Cœur Immaculé de Notre-Dame attend avec impatience cette victoire finale. Et lorsque le Pape et ses évêques consacreront la Russie, sa conversion miraculeuse démontrera à tous que Dieu a triomphé par le Cœur Immaculé de Sa mère.

Cela correspond également à ce que Dieu promit dans le jardin d'Éden, quand il prédit la venue d'une femme dont la descendance devait écraser la tête du serpent (Livre de la Genèse, 3 : 15). Marie est la femme annoncée dans ce passage, et tout comme elle permit la première venue du Christ, elle ouvrira la voie à Son retour. Car c'est par l'intermédiaire du Cœur Immaculé de Sa Mère que Dieu vaincra Satan. Mgr Fulton Sheen écrivit : « Comment vaincrons-nous l'esprit de Satan si ce n'est grâce à la puissance de cette Femme à qui le Dieu Tout-Puissant a confié la mission d'écraser la tête du serpent ? » (Life Worth Living, Série 2). Ceci explique pourquoi, à Fatima, Notre-Dame déclara « Dieu veut établir dans le monde la dévotion à mon Cœur Immaculé », et demanda ensuite au Pape de consacrer la Russie en vertu de ce titre. Ce faisant, il permettra à la toute-puissance de Dieu, relayée par Marie, de vaincre définitivement Satan.

Si le Christ n'est plus présent dans l'Eucharistie, le Cœur Immaculé de Marie fournira un moyen auxiliaire d'assurer la victoire. Dieu a choisi la consécration de la Russie comme un « remède souverain » afin que le rôle de Marie soit manifeste dans et par l'Église. Cela concorde avec les écrits de Saint Louis de Montfort selon lesquels : « C'est grâce à la très sainte Vierge Marie que Jésus est venu au monde, et c'est grâce à elle qu'il doit régner dans le monde »... « C'est par Marie que le salut du monde a commencé et c'est par Marie qu'il doit être accompli »... « Parce que c'est grâce à elle que Jésus est venu vers nous la première fois, c'est aussi grâce à elle qu'il viendra une seconde fois, mais pas de la même manière » (True Devotion to Mary).

Dès lors, en demandant la consécration dès 1929, Dieu laissait aux hommes la liberté de se conformer ou non à sa requête, mais, en définitive, la survenue d'une crise grave rendra nécessaire la consécration. Sœur Lucie demanda une fois à Notre-Seigneur pourquoi la consécration était nécessaire, celui-ci répondit : « Parce que je veux que toute mon Église reconnaisse cette consécration comme un triomphe du Cœur Immaculé de Marie, pour ensuite étendre son culte et placer, à côté de la dévotion à mon Cœur Sacré, la dévotion à ce Cœur Immaculé. » (Il ajouta) « Priez beaucoup pour le Saint-Père. Il la fera, mais ce sera tard. Cependant, le Cœur Immaculé de Marie sauvera la Russie, elle lui sera confiée. » (Lettre de Sœur Lucie du 18 mai 1936, propos soulignés par l'auteur). Ce que Dieu demande, c'est que le Pape et ses évêques consacrent la Russie de par son nom au Cœur Immaculé. Agir autrement reviendrait à contrecarrer Ses desseins. Le Pape ne peut substituer « le monde » à la Russie, car ce n'était pas l'objet annoncé. De plus, il doit agir de concert avec tous ses évêques : leur participation est essentielle. En remplissant toutes ces conditions, le Pape et les évêques vaincront, comme Notre-Dame l'a prédit.

Toutefois, les laïcs jouent eux aussi un rôle : ils doivent contribuer à mériter ce triomphe en acceptant leurs souffrances. Vous pourriez vous dire : si nous devons être persécutés, quel est l'intérêt d'en discuter

? On ne peut changer cette réalité. Non, mais l'important, c'est que nous pouvons changer notre approche à cet égard. Considérez les propres enseignements du Christ à ce sujet. Il ne cacha pas à ses disciples le fait qu'ils allaient être persécutés, mais ce qu'il leur enseigna leur permit de surmonter leurs craintes : « Réjouissez-vous et soyez dans l'allégresse, parce que votre récompense sera grande dans les cieux ; car c'est ainsi qu'on a persécuté les prophètes qui ont été avant vous (Évangile selon Matthieu, 11 : 12) » ; « Réjouissez-vous en ce jour-là et tressaillez d'allégresse, parce que votre récompense sera grande dans le ciel » (Évangile selon Luc, 6 : 23) ; « Vous serez haïs de tous, à cause de mon nom. Mais il ne se perdra pas un cheveu de votre tête. Par votre persévérance vous sauverez vos âmes. » (Évangile selon Luc, 21 : 17-19). La clé est alors de voir au-delà de la vie physique, en direction de la vie éternelle, la gloire qui attend les fidèles. Dans les derniers jours, l'Église sera de nouveau persécutée comme à ses débuts. Les premiers martyrs nous étonnèrent par la manière dont ils acceptèrent leurs souffrances. À partir des récits du martyre qu'ils ont subi, il apparaît clairement que, lorsqu'ils furent « mis à l'épreuve », Dieu les a soutenus dans leurs souffrances, un fait qui devrait nous inspirer.

Ainsi, on put lire que, lorsque Saint Pierre Balsame fut mis au supplice, il « ne ressentit aucune douleur ». Au moment d'être torturé, Saint Arcade déclara : « Il me conforte dans l'état où vous me voyez, mourir pour Lui c'est vivre, souffrir pour Lui c'est profiter d'un plaisir immense ». De la même manière, Saint Quirin dit : « Je ne sens pas les coups que mon corps a reçus, ils ne me donnent aucun tourment. » Saint Théodore d'Antioche s'écria : « Je ne ressens aucune douleur car Dieu est avec moi. » Alors que Saint Victor de Marseille était mis au supplice, Notre-Seigneur lui apparut tenant une croix et lui dit qu'il « a souffert dans Ses serviteurs et les a consolés après leur victoire ». Nous lisons qu'avant que Saint Montanus fut martyrisé, Saint Cyprien lui apparut et lui dit : « Le corps ne ressent aucune douleur quand l'âme se donne entièrement à l'Éternel. »

Clairement, la raison en est que « Dieu n'est pas en reste de générosité

». Il apparaît que, lorsque les martyrs commencèrent à souffrir, Il les unit avec tant de force avec lui-même que Sa présence leur permit de surmonter la douleur de leurs souffrances. Or, si l'on tient compte de la gravité même de ces souffrances, elle présuppose en soi une telle assistance divine. Dans ses lectures de l'Office, l'Église souligne le fait que les martyrs ont été soutenus dans cette voie. Ainsi, la réponse à l'office du matin pour la fête de Sainte Agnès se lit : « Dieu lui apporte son aide, elle ne sera pas ébranlée ». De plus, il est écrit dans la première lettre aux Corinthiens : « Il nous aide dans toutes nos épreuves. » La prière pour la fête de Saint Vincent, diacre et martyr, est : « Dieu tout-puissant et toujours vivant, remplis-nous de ton Esprit Saint et laisse un amour plus fort que la mort posséder nos cœurs, l'amour qui a permis à Saint Vincent de dépasser les tourments de son martyre ». De même, pour la fête de Saint Laurent, diacre et martyr, la deuxième antienne pour la prière du matin se lit : « Le Seigneur envoya son ange pour me libérer du feu et je ne fus pas brûlé » tandis que la réponse du Benedictus : « N'aie pas peur, mon fils, car je suis avec toi ; si tu dois traverser le feu, les flammes ne te brûleront pas et l'odeur de brûlé ne sera pas sur toi. »

Ce qui précède est d'une grande importance si l'on veut rester fidèle face à la persécution. Cela renforce notre volonté d'offrir nos vies, si nous savons que derrière l'apparente souffrance la main de Dieu nous est tendue pour nous soutenir et nous étreindre. Il existe bien sûr une justification théologique à cela, car il est certain que nous ne pouvons rien faire sans l'aide de Dieu. Si cela est vrai de toute bonne action que nous réalisons, dans quelle mesure est-ce d'autant plus vrai de l'action la plus méritante qu'un chrétien peut entreprendre : le don de sa vie ? Les paroles de Notre-Seigneur sont assurément pertinentes : « Prenez mon joug sur vous et recevez mes instructions [...] Car mon joug est doux, et mon fardeau léger, et vous trouverez le repos de vos âmes », ou, comme Saint Paul le demande « Qui nous séparera de l'amour du Christ ? Sera-ce la tribulation, ou l'angoisse, ou la persécution, [...] ou l'épée ? Mais dans toutes ces choses nous sommes plus que vainqueurs par celui qui nous a aimés. » (Épître aux Romains, 8 : 35). La foi des martyrs leur permit de faire face à la mort de plein gré. En effet, ils virent dans leurs souffrances un privilège qui les unissait de la plus proche des manières avec leur Seigneur.

Ainsi, bien que la Messe n'aide plus l'Église face à la persécution, l'acceptation de ces souffrances l'aidera à triompher plus rapidement. Dans sa section sur les « derniers jours », le Catéchisme de l'Église catholique approuve cette idée d'une union avec les souffrances du Christ : « Avant la seconde venue du Christ, l'Église doit traverser une épreuve finale qui ébranlera la foi de nombreux croyants. La persécution qui accompagne son pèlerinage sur terre dévoilera « le mystère de l'iniquité » sous la forme d'une imposture religieuse apportant aux hommes une solution apparente à leurs problèmes au prix de l'apostasie de la vérité. L'imposture religieuse suprême est celle de l'Antéchrist... L'Église n'entrera dans la gloire du Royaume qu'à travers ce passage, quand elle suivra son Seigneur dans Sa mort et Sa résurrection » (Article 675 et 677).

Il semblerait que le retour en gloire du Christ doive être précédé par le moment où l'Église triomphera de Satan et de ses disciples, par le Cœur Immaculé de Marie. Compte tenu de son importance, nous devrions nous attendre à trouver une référence à cet événement dans les prophéties bibliques sur les derniers jours. À cet égard, il convient de noter que l'une de ces prophéties n'a jamais été expliquée de façon satisfaisante. Le Christ révéla en effet dans les derniers jours, « le signe du Fils de l'homme paraîtra dans le ciel » (Évangile selon Matthieu, 24 : 30). « Un signe », en termes bibliques, est un miracle ; « dans le ciel » indique un miracle directement attribuable à Dieu et attesté par tous. En ce qui concerne « le Fils de l'homme », il s'agit très certainement d'une référence à la prophétie de la Genèse relative à la venue d'une femme dont la descendance « écrasera la tête du serpent ». N'est-il pas significatif que le Christ se réfère à Sa Mère en utilisant le terme « femme » et à Lui-même avec l'expression « le Fils de l'homme » ? En effet, ne sont-ils pas venus dans le jardin d'Éden dans le cadre de l'accomplissement de la prophétie de Dieu ? Dès lors, n'est-il pas logique de penser que le « triomphe du Cœur Immaculé de Marie » correspondra à l'accomplissement de cette prophétie, lorsque le Christ, grâce à Sa Mère, vaincra définitivement Satan ? Imaginez la scène, lorsque l'Antéchrist, à travers son idole miraculeuse, sera à la tête de nombreux fidèles tandis que la Russie imposera le culte de cette idole, sous peine de mort. À l'apogée de ce conflit, Notre-Dame interviendra comme elle l'avait prédit à Fatima, et grâce à la puissance de son Fils, le « Fils de l'homme », conduira Satan hors de Russie et restaurera cette dernière au Christ. Cet événement représentera la victoire définitive du Christ, lorsqu'il « écrasera la tête du serpent ». Dès lors, il révélera la victoire du Verbe incarné de Dieu et l'accomplissement de Sa promesse à l'aube des temps ; en d'autres termes, il sera « le signe du Fils de l'homme dans le ciel ».

Post-scriptum :

Le fait que Notre-Dame ait remis son message à un enfant implique que le contenu du Troisième Secret est par essence simple. Les enfants ne se souviennent pas de ce qu'ils ne peuvent pas comprendre. Et puisque Sœur Lucie et le Pape ont tous deux déclaré que le Secret était contenu dans les Écritures sur la fin des temps, cela implique que ce qu'elles révèlent est aussi simple. Ma conclusion qui concerne la venue de l'Antéchrist pour abolir la messe remplit ce critère. Il est évident que, selon les desseins de Dieu, ce message devrait être révélé avant l'attaque, de sorte que nous puissions en être prévenus, et ainsi rejeter l'Antéchrist, à quelque prix que ce soit. Car, comme le Catéchisme de l'Église catholique l'indique, la venue de l'Antéchrist correspond à « l'imposture religieuse suprême ». De toute évidence, il est impératif de prévenir les fidèles afin qu'ils puissent défendre leur foi coûte que coûte. Nous sommes confrontés à une attaque, non pas sur des éléments temporels, mais sur notre salut éternel. Or, seule la prise de conscience de ces dangers nous sauvera.

J'exhorte, par conséquent, le Saint-Père à déterminer la validité de mes conclusions, et, en particulier, à se prononcer sur l'interprétation de l'Écriture sur laquelle elles se fondent.

CHAPITRE 5
LE RÔLE DE NOTRE-DAME RÉVÉLÉ

Dans les chapitres qui précèdent, j'ai émis certaines hypothèses sur les événements qui concerneront l'Église dans les derniers jours. Il existe dans les prophéties cryptiques un message qui prédit ce qui se passera au cours de cette période. Les textes pertinents sont le chapitre 24 de l'évangile selon Matthieu (verset 15), le deuxième chapitre du deuxième épître aux Thessaloniciens (versets 2 à 12) et le chapitre 13 du livre de l'Apocalypse (verset 11 à 18). Il est prédit dans ces différents versets le moyen par lequel l'Antéchrist attaquera l'Église. Mais, dans la mesure où ces textes sont cryptiques, nous devons en saisir la signification. De fait, le verset 15 du chapitre 24 de l'évangile selon Matthieu nous incite explicitement à le « comprendre ». Ces textes révèlent tout que ce qui permet à l'Antéchrist de provoquer une grande attaque contre l'Église, c'est la fin même de la Messe. C'est cet événement central du culte qu'il parvient à abolir et, ainsi, prend la place du Christ en tant qu'objet du culte. Son intervention devant l'autel déplace le Christ et permet à Satan d'émerger en tant que pouvoir en présentant aux hommes des « signes et merveilles », des prodiges visuels, dans le but que tous les hommes acceptent l'Antéchrist comme Dieu et adorent l'idole qu'il place sur l'autel. Alors Satan incitera une seule nation, à savoir la Russie, à envahir toutes les autres, les forçant à adorer l'idole sous peine de mort et provoquant ainsi une apostasie.

Par conséquent, nous disposons déjà des éléments d'une découverte théologique : à savoir la situation nouvelle dans laquelle le Christ est enlevé et Satan libéré. Une question se pose : compte tenu de la persécution de l'Église, comment Satan sera-t-il vaincu et comment la paix sera-t-elle restaurée au sein de l'Église ? Car ce que cela implique, c'est qu'il s'agit là de la dernière tentative de Satan de s'ériger en maître. C'est ce que ce « scénario sur la fin des temps » décrit par l'Écriture révèle, lorsque Satan sera à l'origine de miracles destinés à nous guider vers l'apostasie, et lorsqu'une nation tout entière forcera progressivement tout le monde à adorer l'idole de l'Antéchrist. Il s'agit clairement d'une tentative de Satan de mettre en place son propre royaume. Dieu nous a-t-il donné un moyen de repousser cette attaque, et de vaincre finalement Satan ?

De mon point de vue, la consécration prévue à Fatima remplit ce critère. À Fatima, Notre-Dame déclara : « Dieu veut établir dans le monde la dévotion à mon Cœur Immaculé », et indiqua qu'elle reviendrait pour demander la consécration de la Russie à son Cœur Immaculé. Elle affirma ensuite que si sa demande était satisfaite, il y aurait la paix dans le monde ; dans le cas contraire, la Russie répandrait ses erreurs à travers le monde, provoquant des guerres et des persécutions contre l'Église, ce qui nous conduirait jusqu'au Troisième Secret. Après quoi elle promit : « À la fin, mon Cœur Immaculé triomphera, le Saint-Père me consacrera la Russie qui sera sauvée. ».

La corrélation ici avec ce qui avait été prédit dans la Genèse, au chapitre 3, verset 15, est évidente. Marie répète en effet ce que Dieu divulgua au « serpent ». Et la clé ici réside dans la consécration au Cœur Immaculé. Un symbole « représente » quelque chose. Dès lors, pourquoi Dieu utilise-t-il le symbole du Cœur Immaculé de Marie comme moyen pour écraser Satan ? Le « cœur » indique naturellement « l'amour », mais concernant Notre-Dame, un amour maternel pour les chrétiens, un amour destiné principalement à sauver leurs âmes de l'Enfer. L'adjectif « Immaculé » se réfère clairement à cet insigne privilège accordé à Notre-Dame dès sa conception, à savoir que seule celle-ci est exempte du péché originel et de ses effets. Mais comment ce privilège a-t-il été accordé ? Ce n'est manifestement pas par ses mérites, mais par la connaissance de la mort méritoire du Christ sur la croix. Pour cette raison, il s'agit d'un symbole de la puissance de Dieu révélée au Calvaire.

Dans l'Éden, Dieu déclara qu'il mettrait l'inimitié entre la « semence du serpent » et celle de « la femme », et promit que lorsque le serpent frapperait le talon de celle-ci, sa tête serait écrasée, prophétisant ainsi la défaite finale de Satan, à travers l'instrumentalité d'une nouvelle Ève portant un nouvel Adam.

Si mes hypothèses sont exactes, la défaite de Satan au moyen de la consécration de la Russie au Cœur Immaculé n'est pas l'aboutissement d'un « plan B » pour notre salut dans les derniers jours, ni même d'un simple « plan d'urgence », mais la façon précise par laquelle Dieu veut nous sauver de nos ennemis dans cette crise. Bien entendu, nous pouvons nous demander pourquoi. Une réponse possible est fournie par les révélations de Fatima ; à la fin de son message, Notre-Dame déclara : « À la fin, mon Cœur Immaculé triomphera, le Pape consacrera la Russie et elle sera convertie, et il sera donné au monde un certain temps de paix. ». Ses paroles indiquent que la Russie sera convertie par l'intervention du Cœur Immaculé de Marie, mettant ainsi fin à l'ère de la persécution, ainsi qu'à la domination de Satan sur le monde. De fait, lorsque le Pape et ses évêques consacreront la Russie comme demandé, leurs actes expulseront Satan de la Russie, ce qui permettra de la revendiquer au nom du Christ.

Comme indiqué dans le chapitre 4, dans son discours sur la fin des temps, le Christ annonce l'apparition d'un « signe du Fils de l'homme dans le ciel » (Évangile selon Matthieu, 24 : 30). Cette apparition a un lien avec le verset 15 du Chapitre 3 de la Genèse. Il est évident que cette prophétie se réalisera lorsque la Russie sera consacrée au Cœur Immaculé, et qu'elle sera concrétisée par un miracle, un « signe » de la victoire du Christ.

Pour revenir à notre question initiale, la seule raison pour laquelle Dieu nomme un acte de consécration pour vaincre Satan, tient au fait que Satan s'attaque à l'Église, et cet acte exige un acte de foi, la foi ultime dans les desseins de Dieu énoncés à l'aube de notre histoire. Le miracle qui en résultera révélera à tous, non seulement que Dieu a triomphé du mal, mais aussi qu'Il a triomphé grâce au moyen fourni dès le commencement : l'Incarnation.

Rappelons-nous du moyen par lequel Constantin remporta la

bataille du pont Milvius. Dans un rêve, il vit la croix imprimée sur ses bannières et entendit une voix lui disant : « Tu vaincras par ce signe ». La croix avait un pouvoir symbolique, mais en temps de persécution, lorsque la Messe n'est plus, l'Église doit disposer d'un autre moyen pour vaincre son ennemi. La prophétie de la Genèse fut accomplie grâce à Marie, c'est grâce à son cœur que le Christ est né, et donc dans la fin des temps, c'est à travers son cœur que Dieu triomphera de nouveau.

Que peut-on dire à propos de l'apparition de cette « femme enveloppée du soleil [qui] enfanta un fils » dans le chapitre 12 de l'Apocalypse ? Beaucoup ont supposé que cette prophétie s'était réalisée avec l'apparition de Marie à Fatima. En effet, le Pape Jean-Paul II mit explicitement en avant ce lien dans un sermon qu'il prononça à Fatima en 2000. Dès lors, quelles sont les preuves permettant d'en arriver à cette conclusion et, de quelle manière, d'un point de vue théologique, s'inscrivent-elles dans les découvertes que nous avons faites jusqu'ici ? Si vous lisez l'ensemble du chapitre 12 de l'Apocalypse, il est clair qu'il existe une corrélation avec ce qui a été prédit au verset 15 du chapitre 3 de la Genèse. Là encore, « une femme et son enfant » s'opposent au « serpent » et ce dernier est vaincu. Selon le livre de l'Apocalypse, il s'agit là d'un événement essentiel dans les derniers jours. Puisqu'il a pour contexte « les derniers jours », cet événement ne peut pas porter sur la Nativité du Christ. Notez également la référence à « l'enfant » venant pour « paître toutes les nations avec une verge de fer ». Cela indique clairement la venue du Christ comme juge. Ce que tout ce symbolisme révèle, c'est que Marie donne naissance au Christ comme Juge, et c'est cette naissance qui provoqua l'attaque de Satan. Comment pouvons-nous interpréter cette image ? Comment donne-t-elle naissance à ce futur juge ? Non pas cette fois-ci de manière corporelle, mais peut-être à travers son « message », en indiquant Sa venue imminente en tant que Juge. Le fait de « donner naissance au Juge » serait compatible avec une déclaration de Marie indiquant que son Fils allait bientôt naître en tant que Juge suprême. Or, à partir de ce que nous avons découvert, tel est le sens du message de Fatima.

De toute éternité, Dieu a choisi Marie pour participer à un plan destiné à assurer notre salut. Ainsi, à l'aube de l'histoire, Il annonça qu'elle écraserait la tête du serpent lorsque celui-ci frapperait son talon. Le chapitre 12 de l'Apocalypse relève son rôle dans l'« enfantement » du Christ en tant Juge, indiquant ainsi l'arrivée de Sa puissance, au moment même où Satan passe à l'offensive. Le lien avec ce qui est prédit dans le chapitre 24 de l'évangile selon Matthieu (verset 30) est évident, notamment avec « le signe du Fils de l'homme», un miracle qui indique l'accomplissement du verset 15 du chapitre 3 de la Genèse dans la victoire du Christ par l'intermédiaire du Cœur Immaculé de sa Mère, comme prévu par Dieu de toute éternité.

CHAPITRE 6
LES ANOMALIES PRÉSENTES DANS LES DÉCLARATIONS PAPALES

Plusieurs contradictions figurent dans les déclarations papales sur le Troisième Secret. Ainsi, dans sa préface au livre du Cardinal Bertone, The Last Secret of Fatima (Doubleday, 2008), le Pape Benoît XVI contredit effectivement son affirmation selon laquelle le Secret porte sur les « dangers pour la foi et la vie des chrétiens et du monde », « les derniers jours » et que « ce qui est contenu dans ce Troisième Secret correspond à ce qui est annoncé dans l'Écriture » (Jésus, Milan, novembre 1984) – qui concerne clairement les derniers jours. Mais, dans l'avant-propos susmentionné, il explique que le Vatican a choisi de publier le récit du Secret en 2000 « afin que la vérité puisse être dévoilée au milieu des interprétations apocalyptiques confuses qui circulent ». Le Cardinal Bertone réaffirma cet argument, avançant : « Nombreux sont ceux qui attendent avec impatience l'Apocalypse et nous ne voulions pas leur donner de nouvelles armes (propos soulignés par l'auteur – IC)

Ces déclarations étant contradictoires, nous nous devons de déterminer laquelle fait le plus autorité. Rappelons tout d'abord ce que Sœur Lucie a déclaré en 1957, que « Notre-Dame lui avait laissé voir clairement que nous [étions] dans les derniers temps du monde » (The Third Secret of Fatima par le Frère Michel de Sainte Trinite, Tan Books). Ces propos impliquent assurément que, quelles que soient les révélations du Troisième Secret, elles ont pour contexte cette période. Une hypothèse confirmée par la déclaration suivante de Sœur Lucie : « Le Secret est dans les Évangiles et l'Apocalypse » (ibid).

Intéressons-nous maintenant au futur Pape Jean-Paul II, qui, alors qu'il n'était que le Cardinal Wojtyla, assista au Congrès eucharistique à Philadelphie en 1976, et déclara : « Nous faisons actuellement face à la plus grande confrontation historique que l'humanité ait jamais traversée. Je ne pense pas que le cercle plus large de la communauté chrétienne le réalise pleinement. Nous sommes face à la confrontation finale entre l'Église et l'Anti-Église, l'Évangile et l'Anti-Évangile. Cette confrontation réside dans les plans de la Divine Providence ; c'est une épreuve que l'Église doit traverser. » (cité dans le Wall Street Journal le 9 novembre 1978).

Son allusion à une « confrontation finale » indique clairement qu'il parle du même contexte que les Écritures, à savoir les derniers jours. De plus, sa référence à une « épreuve » que l'Église tout entière doit traverser a une autre signification dans la mesure où elle est à rapprocher d'une déclaration qu'il fit à Fulda, en Allemagne, en 1980, en réponse à une question sur le Troisième Secret : « Nous devons être prêts à subir de grandes épreuves dans un avenir relativement proche ; ces épreuves exigeront de nous que nous soyons prêts à donner nos vies, ainsi qu'un don absolu de soi au Christ et pour le Christ » (Stimme des Glaubens, octobre 1981). Il est évident que ces deux déclarations font référence à la même « épreuve » et impliquent que le Troisième Secret porte sur les persécutions annoncées dans les Écritures sur la fin des temps et doit, par conséquent, avoir une « interprétation apocalyptique ».

De fait, les avertissements lancés par le Pape sur l'imminence des derniers jours commencèrent au cours du pontificat de Pie X, qui avoua avoir peur d'accepter le fardeau de sa charge en raison de ce qu'il considérait comme « l'état désastreux de la société humaine d'aujourd'hui »... « Qui peut manquer de voir qu'à l'heure actuelle notre société souffre plus qu'à n'importe quelle époque d'une maladie terrible et radicale qui, tout en se développant chaque jour et rongeant son être même, la conduit à sa destruction ? Vous comprenez, Vénérables Frères, que cette maladie est l'apostasie de Dieu ». Il dénonça « cette méchanceté immense et détestable, si caractéristique de notre époque : la substitution de Dieu par l'homme ». Il conclut ainsi : « Compte tenu de tous ces éléments, il existe de bonnes raisons de craindre que cette grande perversité soit un avant-goût et peut-être le début de ces maux réservés aux derniers jours, et le « fils de la perdition »(deuxièmc chapitrc du deuxième épître aux Thessaloniciens, verset 3), dont l'apôtre parle, est peut-être déjà là. En vérité, il nous est impossible de penser différemment au regard de l'impudence et de la colère présentes dans le monde entier dans la persécution de la religion, dans la lutte contre la vérité, dans la ferme détermination d'abattre et de détruire toutes les relations existant entre l'homme et la divinité ». (E Supremi Apostolatus, 1903).

Notre époque présente clairement ces mêmes maux, mais ils sont devenus plus profonds et plus répandus. Pourtant, le successeur de Saint Pie n'arrive apparemment pas aux mêmes conclusions, et rejette simplement les « interprétations apocalyptiques » du Troisième Secret ! Mais, comme indiqué précédemment, le Cardinal Wojtyla n'avait pas de telles incertitudes à relier les temps présents avec les derniers jours lors du Congrès eucharistique de 1976. Lorsqu'il devint Pape, il continua à se référer à l'imminence des derniers jours, d'abord de manière allusive lors de sa venue à Fulda, dans une réponse à une question sur le Troisième Secret, soulignant la nécessité d'être prêt à faire face à la persécution, et plus tard à Fatima, le 13 mai 1982, lorsqu'il évoqua « les menaces quasi apocalyptiques qui pèsent sur les nations et l'humanité dans son ensemble... le mal qui se répand à travers le monde ».

Puis, en 1986, il prononça un sermon au Vatican où il « révéla sa conviction que le monde entrait dans cette phase historique de la victoire du Christ dont le point d'orgue sera la seconde venue et que la lutte allait devenir de plus en plus violente tandis que la fin approchait, avec la victoire définitive du bien » (The Times, 25 août 1986 – propos soulignés par l'auteur). Enfin, lorsqu'il vint à Fatima, en 2000, pour béatifier Jacinthe et François, il relia les apparitions en ce lieu à la « femme enveloppée du soleil » évoquée dans le chapitre 12 de l'Apocalypse, au verset 1.

Quoi qu'il en soit, en dépit de toutes les déclarations de Jean-Paul II et sa propre déclaration selon laquelle le Secret concernait « les derniers jours », le Pape Benoît XVI affirma que le récit du Vatican concernant le secret était nécessaire « afin que la vérité puisse être dévoilée au milieu des interprétations apocalyptiques confuses qui circulent ». De toute évidence, si des personnes firent la promotion de telles idées, ce furent les Papes eux-mêmes ! Dès lors, pourquoi la raison avancée par le Pape Benoît pour justifier la publication du Secret par le Vatican va-t-elle à l'encontre des déclarations faites par son prédécesseur et par lui-même ? Il est évident que le Troisième Secret ne peut pas se référer à la fois au passé et aux « derniers jours ». L'insistance du Pape et de son Secrétaire d'État à supprimer toute référence aux « interprétations apocalyptiques » suggère que celles-ci peuvent effectivement être pertinentes. Il est intéressant de remarquer que la publication du Vatican a pour effet global de reléguer l'accomplissement du secret à des événements passés. Certes, le fait que le Pape ait eu pour intention, avec ce récit, d'écarter l'idée d'un lien avec les derniers jours, alors que son prédécesseur et lui-même furent les premiers à l'avancer, peut semer le doute sur la validité du récit du Vatican.

Restons-en à l'affirmation du Pape selon laquelle le secret est lié aux prophéties de la fin des temps, une affirmation corroborée par Sœur Lucie, ce qui lui donne un certain crédit. Celle-ci constitue assurément un indice pertinent de la signification du Troisième Secret et suggère que nos dirigeants sont prêts à dissimuler les « dangers pour la foi et la vie » révélés dans les Écritures.

CHAPITRE 7

MON HYPOTHÈSE SUR LA MESSE
EST-ELLE RECEVABLE ?

Des objections ont été soulevées par ceux qui prétendent que « l'événement concélébré » n'aurait pas l'effet que je lui donne. Ainsi, certains prétendent que les ordres valides du clergé catholique alors présent auraient pour conséquence de « renverser » les ordres invalides du ministre protestant. Permettez-moi tout d'abord de replacer cet événement dans son contexte. Celui-ci aurait pu se produire à la suite du « dialogue inter-religieux » autorisé par le Pape Jean-Paul II. Comme nous l'avons vu précédemment, lorsque ce dernier se rendit en Grande-Bretagne, les dirigeants du CBE lui demandèrent instamment de permettre à ses hiérarques de prendre part à leur organisation. Selon le compte-rendu officiel de cette visite, le Dr Philip Morgan, Secrétaire général du Conseil britannique des Églises (CBE), avait exprimé l'opinion selon laquelle il s'agirait d'« un gain considérable pour le CBE et l'Église catholique romaine si cette dernière devenait membre. » Lorsqu'il relata ses discussions avec le Pape, il affirma : « Le Pape a admis que le sentiment croissant de communion spirituelle ne [pouvait] pas rester abstrait. Des moyens devaient être trouvés pour lui donner une expression visible dans la vie des Églises. Ses remarques en faveur de la coopération entre l'Église catholique romaine et le Conseil britannique des Églises indiquaient une voie possible permettant la réalisation de certains progrès. En réponse à ces conversations, le Pape invita les représentants du CBE, ainsi que ceux des Conférences épiscopales de la Grande-Bretagne, à poursuivre leurs discussions à Rome. Le lien entre les hiérarchies de l'Angleterre et du pays de Galles avec le CBE pourrait être de première importance » (Peter Jennings et Eamonn McCabe, The Pope in Britain, Londres : Bodley Head, 1982, p. 32, propos soulignés par l'auteur).

Le compte-rendu indique que le Pape lança cette invitation aux dirigeants du CBE et du CEE le 29 mai 1982 : « Il est évident que nous ne pouvons pas discuter de tout lors d'une courte réunion informelle. J'ai espoir, tout comme vous j'en suis sûr, que notre rencontre de ce matin ne marquera pas la fin, mais le début, d'un échange fructueux. Je me plais à penser que, avant longtemps, certains d'entre vous seront prêts à se rendre à Rome avec des représentants des Conférences épiscopales de la Grande-Bretagne afin de poursuivre ces discussions avec le Secrétariat pour la promotion de l'unité des chrétiens ainsi que d'autres bureaux de la Curie romaine. » (p. 74, propos soulignés par l'auteur).

Une brochure publiée sous l'égide du CBE révèle qu'« en mai 1983 une visite fut organisée à Rome, dirigée par le Primat de l'Église épiscopale écossaise (le Révérend Alistair Haggart) et composée des dirigeants du CBE et de l'Église catholique romaine. Ils examinèrent ... ce qui pouvait être fait pour travailler ensemble plus étroitement, même si une unité complète n'était pas possible en soi. De ces premières discussions timides naquit le processus inter-religieux « Not Strangers But Pilgrims » (propos soulignés par l'auteur), qui permit que : « Le 7 mai 1985, au palais de Lambeth, les dirigeants de trente-deux Églises en Angleterre, en Écosse et au pays de Galles se réun[irent] officiellement et décid[èrent] de lancer « un processus inter-religieux de trois ans » (Derek Palmer, Strangers No Longer, Hodder and Stoughton, 1990). Ce « processus » conduisit l'Église catholique à rejoindre l'organisation œcuménique. Mais pourquoi le chef de l'Église épiscopale écossaise dirigeait-il la délégation susmentionnée ? Était-ce pour représenter un confrère qui avait mené le processus en Écosse, le Chanoine Wright ?

Rappelons que lorsqu'en 1992, le Pape rencontra les évêques écossais, il les félicita d'avoir rejoint le nouvel organisme œcuménique créé par le Chanoine Wright (Osservatore Romano, 4 novembre 1992). Son approbation était par conséquent pleinement évidente. Ce soutien manifeste implique de manière effective le reste de l'Église dans l'issue des discussions. Rappelez-vous que l'entrée de l'Église catholique dans cette organisation fut saluée comme la première étape vers une réunion des Églises. Mais une partie de l'Église ne peut pas créer une « unité » avec le protestantisme sans impliquer le reste. Ainsi, l'appui offert par le Pape dans le cadre de ce plan, loin de le valider, lui donne simplement une fausse légitimité. Ceux qui instaurent une « Messe concélébrée » pourraient, de la même manière, revendiquer un mandat illégitime.

Examinons à présent la nature même de la Messe. Chaque messe est considérée comme si elle était la seule messe à avoir jamais été célébrée. Cela est dû au fait que chaque messe n'est pas un sacrifice séparé, mais une représentation du seul sacrifice parfait du Christ sur le Calvaire. En un sens, il est inexact de parler de « messes » au pluriel, car il n'y a pas de « multiplicité des Christs ».29 Il n'y a qu'un seul Christ qui se rend présent sur l'autel de l'Église, qui représente le « lieu saint ». Ainsi, une subversion substantielle de ce sacrifice en un lieu, par le biais de l'action envisagée, aurait des effets sur l'ensemble de l'Église, abolissant la Messe.

Quant à l'objection selon laquelle les ordres valides « l'emporteraient sur les ordres invalides », l'intention serait assurément primordiale. Or, comme l'objectif premier du clergé catholique serait de permettre l'acceptation des « ordres » protestants, son intention serait fautive. Lorsque les acteurs d'un film jouent la cérémonie du mariage, personne n'est marié. Dans le cas que nous envisageons, l'intention ne serait pas de célébrer valablement la Messe mais de démontrer l'acceptation de quelque chose qui a été qualifié par le Pape de « dépourvu de toute valeur et parfaitement inutile ». Il est impossible qu'un tel acte de tromperie puisse véritablement consacrer le pain et le vin en Corps et Sang du Christ, en Âme et en Divinité.

Bien sûr, d'aucuns pourraient se demander de quelle manière la mise en place d'une idole sur l'autel abolit totalement la Messe. Cela soulève une autre question : quel rôle la Messe remplit-elle ? Elle établit et perpétue l'alliance de Dieu. Lors de la Cène, le Christ consacra le pain et le vin en son Corps et son Sang, concluant par ces mots : « Cette coupe est la Nouvelle Alliance en Mon Sang ». Une alliance est un accord contraignant entre deux parties et la Nouvelle Alliance est l'accomplissement de l'alliance antérieure sur le mont Sinaï, lorsque les Juifs s'engagèrent à garder les Tables de la Loi, en échange de la protection souveraine de Dieu. Le Premier Commandement enjoint : « Tu n'auras pas d'autres dieux devant ma face », et Dieu avertit que toute désobéissance sera punie (Chapitre 20 de l'Exode, versets 4 et 5). C'est pourquoi, lorsque le Roi Manassé de Juda autorisa le culte d'une idole dans le temple de Jérusalem (chapitre 21 du second livre des Rois, versets 7 à 15), les Juifs furent punis en étant retenus captifs à Babylone pendant soixante-dix ans, tandis que le Temple tombait en ruines. Telles furent les conséquences de l'installation d'une idole au sein du sanctuaire de Dieu.

Ces faits s'avèrent pertinents si l'on s'intéresse aux derniers jours, puisque le Christ révéla qu'ils débuteront « lorsque vous verrez l'abomination de la désolation, dont a parlé le prophète Daniel, établie en lieu saint » (Évangile selon Matthieu, 24 : 15). Il est évidemment fait référence ici à une idole qui doit être établie dans un sanctuaire de l'Église et cet événement sera suivi par la grande persécution des derniers jours ; par conséquent, il est logique de conclure que cette persécution sera le résultat de cette idolâtrie, ce sacrilège ultime, perpétré à l'intérieur du sanctuaire de l'Église. Ce scénario de fin des temps est celui pour lequel apparaîtront de « faux Christs » ; ces derniers réaliseront « de grands prodiges et des miracles » grâce au pouvoir de Satan, dans une tentative pour guider les gens vers l'apostasie et vers une ère de persécution. Cela suppose donc la fin de cette Alliance qui protégea autrefois l'Église, ce qui implique par conséquent l'abolition du moyen par lequel elle a été établie. Je défie maintenant ceux qui continuent de rejeter mon hypothèse d'expliquer :

- Pourquoi Daniel a-t-il prophétisé que « l'offrande et le sacrifice [cesseront] » (chapitre 9 : verset 27) ? (Version de Louis Segon 1910)

- Pourquoi Hippolyte et Irénée interprètent-ils cela comme l'abolition de la Messe ?

- Pourquoi Saint Alphonse écrivit-il : « L'Antéchrist abolira comme une punition pour les péchés des hommes, le Sacrifice de la Messe, exactement comme Daniel l'avait prédit » ?

- Pourquoi, lorsque Notre-Dame réapparut en 1929 pour demander la Consécration, Lucie fut-elle témoin d'une vision symbolisant l'importance cruciale de la Messe ?

- Pourquoi devrions-nous recevoir une nouvelle défense spirituelle dans la consécration de la Russie, si celle fournie par la Messe était toujours valide ?

- Et pourquoi Pie XII déclara-t-il : « Je suis inquiet des messages de la Sainte Vierge à Lucie... Le jour viendra où... l'Église doutera... Elle sera tentée de croire que l'homme est devenu Dieu ... Dans nos Églises, les chrétiens chercheront en vain la lampe rouge où Dieu les attend, comme Marie-Madeleine pleurant devant le tombeau vide, ils demanderont « Où l'ont-ils mis ? » . (Mgr Aloysius Roche, Pie XII devant l'histoire, p. 52-53).

CHAPITRE 8

LE CONCORDAT DE STALINE, UN TOURNANT DE L'HISTOIRE

La Seconde Guerre mondiale a été marquée par une telle culture du secret que de nombreux aspects de celle-ci demeurent cachés. Les circonstances entourant la consécration du métropolite Serge en tant que Patriarche de l'Église orthodoxe russe en septembre 1943 constitue, à cet égard, un exemple frappant. Il est désormais évident qu'il s'agissait là d'un acte de propagande visant à susciter le soutien des alliés de la Russie, en suggérant que Staline avait en effet libéré l'Église. Pour replacer cet événement dans son contexte, nous devons tout d'abord examiner la situation aux États-Unis après l'invasion de la Russie par Hitler. En septembre 1941, les Allemands avancèrent rapidement vers Moscou. Face à l'extrême urgence, Staline fit appel au président Roosevelt afin d'obtenir une aide militaire des Alliés.

À cette date, deux courants de pensée prévalaient aux États-Unis . Il y avait ceux qui, comme Roosevelt, considéraient que le meilleur moyen de contrer la progression de l'Allemagne consistait à fournir l'assistance demandée. Les « isolationnistes », quant à eux, – bon nombre d'entre eux étaient originaires de pays européens de confession catholique – étaient opposés à une telle idée. Installés aux États-Unis, ils étaient réticents à se laisser entraîner dans une guerre européenne du côté de Staline, qui, pendant des années, avait persécuté le christianisme. Le Pape Pie XI, dans son encyclique Divini Redemptoris, n'avait-il pas lui-même condamné le communisme, le qualifiant d'« intrinsèquement mauvais », et averti que « ces nations qui aidèrent le communisme seraient les premières à tomber sous son oppression » ? Leur attitude consistait par conséquent à laisser les combats se dérouler hors du territoire.

Les isolationnistes étaient bien représentés au Congrès et, en tant que tels, constituaient une menace pour le projet de loi prêt-bail présenté par Roosevelt en octobre. Aussi, lorsqu'il rencontra l'ambassadeur soviétique le 11 septembre, il « expliqua en détail la difficulté d'obtenir l'autorité nécessaire de la part du Congrès en raison des préjugés ou de l'hostilité à l'égard de la Russie, ainsi que de son impopularité parmi les grands groupes du pays exerçant un important pouvoir politique au Congrès, et suggéra que … si Moscou pouvait obtenir dans les prochains jours un peu de publicité positive en Amérique concernant la liberté de religion, cela pourrait avoir un impact pédagogique particulièrement opportun avant les prochaines discussions sur le projet de loi prêt-bail du Congrès. » (Foreign Relations of USA 1941 Vol. 1 : Département d'État américain.)

Ainsi, Roosevelt exhorta Staline à prendre des mesures qui donneraient à penser qu'il avait libéré l'Église. Les événements qui suivirent démontrèrent que cette stratégie allait porter ses fruits. Toutefois, avant que Staline n'ait eu le temps d'agir, Roosevelt avait trouvé un autre moyen de contourner le problème. Il envoya un émissaire, Myron Taylor, au Pape Pie XII, lui demandant de publier une déclaration insistant sur le fait que l'encyclique de son prédécesseur exhortait les catholiques à ne pas aider les communistes.30

La manipulation de l'Église

L'argument de Roosevelt reposait sur le fait qu'Hitler représentait une menace encore plus grande pour la religion que Staline, et que la Russie étant attaquée, elle avait droit à une aide militaire. Cette demande plaça le Pape face à un dilemme. En prenant parti dans cette guerre, il risquait de compromettre son rôle de pasteur chrétien. Au lieu de quoi, il demanda à son Secrétaire d'État d'autoriser les hiérarques américains à publier une déclaration affirmant que Pie XI avait attaqué le communisme, et non la Russie, et que son intention n'avait pas été de faire de son encyclique un modèle pour les dirigeants politiques en cas de guerre. Les évêques américains commencèrent immédiatement à travailler sur cette déclaration. Les nouvelles de ce développement placèrent les isolationnistes devant un choix difficile. S'ils continuaient à faire obstacle au projet de loi de Roosevelt, ils s'opposaient non seulement à leur président, mais aussi à leurs évêques, ce qui les mettait assurément dans une situation délicate. En octobre, l'opposition s'estompa et le projet de loi fut adopté à une large majorité.31

Tout au long de la guerre, Roosevelt eut besoin de gagner l'appui du Congrès pour mener ses politiques, et cette fois-là il y parvint. Mais garantir une aide matérielle à la Russie n'engageait pas les Américains eux-mêmes : ils ne risquaient pas leur vie dans ce type d'intervention. Il en fut tout autrement lorsque Staline demanda aux Alliés d'envahir la France. La force d'invasion devait être composée principalement d'Américains, dont la vie était à présent menacée. Roosevelt était désormais confronté à un autre problème. Il était en passe de lancer la plus grande invasion de l'histoire et, à moins d'avoir le soutien du peuple américain, qui allait perdre des fils dans cette invasion, il risquait d'être battu lors de la prochaine élection qui, quelle que soit l'issue de l'invasion, interviendrait après, en novembre 1944.

Harry Hopkins

Au cours de l'année 1943, Staline continua à exiger l'ouverture d'un « deuxième front ». Il était clair que les Russes forçaient les Allemands à battre en retraite. Mais Staline en voulait plus : il souhaitait que les Alliés envahissent la France afin d'attirer la « puissance de feu » allemande hors de ses frontières et permettent à l'Armée rouge d'occuper l'Europe de l'Est. Churchill pressentit le danger. À l'inverse, il n'en fallut pas beaucoup pour que Roosevelt, déjà trompé par Staline, soit influencé par son « aide » présidentielle, Harry Hopkins, qui lui fit croire que Staline n'avait aucune ambition en Europe de l'Est. Or, le projet « Venona », source d'information sur les services de renseignement soviétiques, révéla qu'Hopkins était un agent soviétique qui avait été recruté dans ce but.32

La situation était telle que, dès 1943, Staline avait jeté son dévolu sur des territoires qui formeraient un empire étendu et feraient ainsi de la Russie une puissance dominante. Churchill, ayant conscience du danger, conçut un plan pour devancer cette stratégie. Ce plan aurait pu réussir, mais il dépendait du soutien américain, soutien que Roosevelt retira à un moment crucial. Churchill vit l'occasion se présenter en juillet 1943, juste après l'invasion de la Sicile par les alliés. Les Italiens révoquèrent de manière soudaine Mussolini et se rendirent aux Alliés, éliminant ainsi le seul obstacle politique à leur occupation de l'Italie. Churchill obtint ensuite l'autorisation de Roosevelt d'attaquer le territoire italien. Il espérait appuyer cette attaque à travers les Balkans et, enfin, Vienne, coupant ainsi l'avance de l'Armée rouge, avant que cette dernière puisse occuper l'Europe de l'Est.33 Ainsi, lorsque les Alliés débarquèrent en Italie le 3 septembre 1943, l'issue de l'intervention restait incertaine. Staline, de son côté, réalisa immédiatement les répercutions stratégiques de celle-ci : au lieu d'envahir la France comme il le souhaitait, ses alliés débarquaient en Italie dans une attaque qui menaçait son avance.

Il lui fallait dès lors réfléchir à la manière de prévenir cette menace stratégique. De fait, après avoir organisé un « sommet » avec ses alliés à Téhéran en novembre, il lança une opération visant à lui fournir ce que Roosevelt avait demandé, à savoir « un peu de publicité positive concernant la liberté de religion ». Le jour même où il entendit parler des débarquements en Italie, le 4 septembre, il convoqua le chef de l'Église orthodoxe russe, le métropolite Serge Stragorodsky, et offrit à l'Église de nouvelles concessions en échange de son soutien. Lorsque Stragorodsky accepta, Staline l'autorisa à tenir un synode en vue de l'élection d'un patriarche, un titre qui avait été auparavant supprimé. Le synode se tint le 8 septembre et élut le métropolite Serge, qui fut intronisé le 12.34 Stragorodsky adressa un télégramme à l'Archevêque de Cantorbéry en Angleterre l'invitant à envoyer une délégation à Moscou pour marquer l'événement. C'est ainsi que le 15 septembre, le Dr Cyril Garbett, Archevêque de York, et deux membres du clergé, s'envolèrent pour Moscou avec un message de soutien de la part de l'Église anglicane. Le point d'orgue de leur visite fut la célébration de la liturgie orthodoxe, au cours de laquelle le métropolite Serge fut accompagné dans le sanctuaire par le Dr Garbett, revêtu de sa chape et de sa mitre.35

La liberté de religion

Pendant leur visite, les évêques orthodoxes envoyèrent un « message » dans lequel ils « demand[aient] aux chrétiens du monde entier de faire tout ce qui était en leur pouvoir pour hâter la victoire sur l'Allemagne, en espérant que, grâce aux efforts des chrétiens de tous les pays alliés, le second front tant attendu [serait] enfin établi et permett[rait] une victoire et une paix proches dans ces temps favorables alors que notre propre Armée rouge pouss[ait] victorieusement l'ennemi hors de nos terres. » (Archives de Keesing). La presse occidentale relata de manière positive ces événements : ainsi, le 5 septembre, le New York Times annonçait « la restauration de l'Église en Russie ». Le 6, dans un article intitulé « Real Help from West – Russia's Need, Says Acting Patriarch After Seeing Stalin », le métropolite Serge déclara : « Je ne suis pas un expert militaire, mais il me semble que le temps de l'anéantissement complet d'Hitler est arrivé. Si l'Armée rouge à elle seule a été capable de repousser les Allemands, il n'est pas difficile de prédire avec quelle rapidité la guerre prendra fin lorsque nos troupes recevront une aide réelle de la part des Alliés ».

Un instrument de l'État athée

Après avoir été informé de l'intronisation de Serge Stragorodsky, ce même journal commenta le 14 septembre : « Cette cérémonie à Moscou ... fait naître l'espoir d'un terrain d'entente entre la Russie et le monde démocratique, non pas sur la base d'une religion, mais sur celui de la liberté religieuse ». Le Times de Londres commenta le 17 : « La nomination du patriarche et l'accueil des officiels russes réservé à l'Archevêque de York en sa qualité de représentant d'une autre Église nationale peuvent être considérés comme un signe de l'acceptation de la Russie d'une autre des « quatre libertés » – la liberté pour chaque individu de vénérer Dieu selon ses propres croyances et partout dans le monde. »

Puis, le 24, le New York Times rapporta les propos de l'Archevêque Garbett selon lesquels « il était convaincu qu'il y avait une liberté totale de culte en URSS ».

Grâce à cette propagande, et aux vœux pieux des Alliés, le monde fut amené à penser que la Russie avait changé et Staline obtint le soutien de ses alliés.

Mais, comme le Cardinal Mindszenty le révéla plus tard, tout n'était que supercherie : « La nouvelle de ce rapprochement entre le régime et l'Église se répandit dans tout le pays et dans le monde entier... Le Parti communiste accepta facilement la main tendue par l'Église orthodoxe russe. À l'étranger, cette entente donna à espérer que les communistes avaient commencé à accepter les principes démocratiques et s'étaient engagés sur la voie de la respectabilité « bourgeoise ». En réalité, rien ne se déroulait ainsi. La liberté interne de l'Église n'avait pas été restaurée, et cette dernière était subordonnée à un bureau du gouvernement. En d'autres termes, elle était maintenue dans le carcan de l'État athée. »

Le geste public de Staline

Le biographe soviétique de Staline conforte notre hypothèse : « Le 4 septembre 1943, Staline décida soudainement de recevoir les dirigeants de l'Église. Le lendemain, la Pravda annonça que le métropolite Serge convoquerait le Conseil des évêques pour élire un nouveau Patriarche... Staline prit cette mesure (car) il se préparait pour le sommet de Téhéran à la fin de l'année et avait l'intention de demander de nouveau l'ouverture d'un second front ainsi qu'une augmentation de l'aide... Ayant reçu un certain nombre de messages de la part du Doyen de Cantorbéry, Staline décida qu'il était temps de faire un geste public afin de démontrer sa fidélité à l'Église... Il pensait que les pays occidentaux sauraient reconnaître ce signal et que cela lui permettrait d'obtenir la réponse souhaitée. » (Général Dmitri Volkogonov, Stalin: Triumph and Tragedy, Wiedenfield & Nicolson)

Les enseignements tirés

C'est ainsi que, quelques semaines plus tard à Téhéran, Roosevelt annonça à Staline la date du « Jour J », ainsi que l'engagement de ses troupes. Comme ils étaient sur le point de mener l'invasion, Staline devint, de fait, le véritable chef de guerre et Churchill fut contraint de jouer un rôle subsidiaire. Staline exhorta immédiatement Roosevelt à retirer ses troupes d'Italie et à les redéployer ailleurs. Harry Hopkins ayant persuadé ce dernier que Staline n'avait aucune ambition en Europe de l'Est, il accepta. Les troupes furent redéployées lors d'une attaque inutile dans le Sud de la France, sabotant le plan de Churchill misant sur une frappe préventive sur les Balkans.

Son intention d'appuyer l'attaque dans cette région est confirmée par le texte suivant :

Lord Moran (le médecin de Churchill), dans Winston Churchill: the Battle for Survival, Constable, 1966 : le 4 août 1944 : « Ce matin, lorsque je me suis rendu dans la chambre du Premier ministre, il n'a pas pris la peine de me cacher ses soucis... « Bon Dieu, ils ne voient pas que les Russes se répandent à travers l'Europe comme une marée : ils ont envahi la Pologne, et rien ne les empêche de marcher sur la Turquie et la Grèce ! » Puis il a eu un geste d'impatience, comme pour dire : quel est l'intérêt d'en parler ? Comment aurais-je pu lui dire où tout cela allait nous conduire ? Les débarquements américains dans le Sud de la France sont la goutte d'eau... Il ne voit en eux « aucun objectif terrestre » et les qualifie de « pure folie ». « Si seulement ces dix divisions avaient débarqué dans les Balkans ... mais les Américains ne l'écoutaient pas : tout était réglé, lui avait-on répondu. »

Dans The Struggle for Europe (Collins, 1953), Chester Wilmot cite les propos du général américain Mark Clark : « Une campagne qui aurait changé toute l'histoire des relations entre le monde occidental et l'Union soviétique a été abandonnée ... De mon point de vue, mais aussi de celui de plusieurs experts au fait du problème, l'affaiblissement de la campagne en Italie pour envahir le Sud de la France, au lieu de pousser vers les Balkans, a été l'une des plus grandes erreurs politiques de la guerre. Staline savait exactement ce qu'il voulait d'un point de vue politique, mais aussi militaire, et ce qu'il souhaitait le plus, c'était nous tenir à l'écart des Balkans... Il est par conséquent facile de comprendre pourquoi Staline a soutenu l'opération ANVIL à Téhéran... Il ne fait aucun doute que les Balkans étaient extrêmement présents dans l'esprit des Britanniques, mais [...] les grands stratèges américains n'étaient pas intéressés... Plus tard, j'ai fini par comprendre, en Autriche, les énormes avantages que nous avions perdus par notre incapacité à soutenir les Balkans... Si nous avions été là avant l'Armée rouge, non seulement l'effondrement de l'Allemagne serait survenu plus tôt, mais l'influence de la Russie soviétique aurait été considérablement réduite. » (Remarque : l'opération ANVIL avait pour objectif d'envahir le Sud de la France en août 1944.)

Dans son livre Eisenhower At War (Collins, 1986) David Eisenhower déclara : « Churchill avait des doutes sur le déclassement du front italien pour des raisons militaires, et plus particulièrement politiques ; il craignait que Staline interprétât l'engagement des Alliés en France comme un chèque en blanc... Avec l'ANVIL, les Alliés s'engagèrent vis-à-vis des Russes, en ne ménageant pas leurs efforts pour s'établir en France, à ne pas tenter de renforcer leur front en Italie, dans le but de pousser plus vers l'Est... Churchill s'opposa à l'ANVIL presque jusqu'à la fin ».

Toutes les bases étaient désormais jetées pour que les communistes prennent le contrôle de l'Europe de l'Est. Staline avait apporté ce qui lui avait été demandé : des éléments laissant à penser que l'Église en Russie était libre. Ce faisant, il avait « endormi la conscience » du peuple américain et mis fin à toute opposition à l'encontre du « Jour J ». Cet acte de propagande contribua à sécuriser les objectifs de Staline pour l'après-guerre, et aura certainement montré aux Russes qu'il était possible de tromper le monde une nouvelle fois en ayant recours aux mêmes subterfuges, une leçon qui démontrait que le clergé à l'Ouest pouvait influencer les gouvernements et promouvoir ainsi des objectifs stratégiques. Les Soviétiques pouvaient protéger leurs intérêts sous le couvert de l'« habit» et passer ainsi inaperçus.

Le prosélytisme « religieux » de l'URSS

Une fois la guerre terminée, les évêques de l'Église orthodoxe russe (EOR) furent envoyés par Staline pour inciter leurs homologues dans les territoires nouvellement occupés de l'Europe de l'Est à se soumettre au diktat de l'État et à suivre l'exemple en soutenant les politiques soviétiques. Telle est l'hypothèse soutenue par Trevor Beeson dans son livre sur l'Église, Discretion and Valour :

« Ayant assis sa position dominante en Europe de l'Est à la fin de la guerre, le gouvernement soviétique réussit à sécuriser l'émergence des régimes communistes dans tous les autres pays d'Europe orientale. Au lendemain de la guerre, les minorités communistes déterminées parvinrent relativement facilement à prendre le pouvoir, et là où la situation politique n'était pas favorable à une prise de contrôle des communistes, la présence de l'armée soviétique se révéla être un puissant outil de persuasion. L'Union soviétique atteignit rapidement son objectif et reçut le soutien sur ses frontières occidentales d'un grand nombre de pays satellites. Mais tous les habitants de pays tels que la Roumanie, la Bulgarie et la Yougoslavie n'étaient pas des communistes convaincus et beaucoup d'entre eux étaient loin d'être satisfaits de leur position dans ce qui était, en effet, un prolongement de l'empire soviétique. Dans ces pays satellites où vivait une importante communauté orthodoxe, le patriarcat de Moscou commença à exercer une forte influence. Ainsi, alors que les dirigeants de l'Église étaient dans l'incapacité de traverser le « rideau de fer », les échanges ecclésiastiques entre Moscou et les capitales des Balkans devinrent importants, tant pour l'Église que pour l'État.37

La courroie de transmission du Parti

À la même époque, en 1946, fut également mis en place au sein du Patriarcat de Moscou un Département des relations ecclésiastiques extérieures, ostensiblement sous le contrôle d'un évêque de l'EOR, mais, en pratique, dirigé par le NKVD (le Commissariat du peuple aux Affaires intérieures) et, ultérieurement, par le KGB. Si l'on considère ce qui suit, il est possible d'établir un lien entre la création de ce « bureau » et le déploiement des évêques de l'EOR dans les territoires nouvellement occupés. Après avoir obtenu, en 1943, le consentement de Serge Stragorodsky quant à la promotion de la propagande soviétique, Staline mit en place un « Conseil pour les affaires de l'EOR », dans le but de s'assurer que seuls les membres du clergé désireux d'encourager cette propagande étaient promus et que toutes les activités de l'Église étaient surveillées par l'État. Comme le Cardinal Mindszenty l'affirma : « La liberté interne de l'Église n'avait pas été restaurée et cette dernière était subordonnée à un bureau du gouvernement. En d'autres termes, elle était maintenue dans le carcan de l'État athée. »38

Il est évident que le Conseil pour les affaires de l'EOR fut mis en place pour contrôler les affaires internes de celle-ci afin qu'elle devienne une arme de propagande efficace. En 1946, l'instauration d'un nouveau bureau, toujours sous le contrôle de l'État, s'avéra nécessaire pour superviser l'envoi de prélats de l'EOR dont le rôle était d'inciter leurs homologues orthodoxes à accepter le diktat soviétique. Ce nouveau bureau avait besoin d'une installation de « formation », un lieu où ces prélats recevraient une instruction, un centre de « surveillance », pour contrôler leurs activités, et un centre de « débriefing », pour évaluer la réussite de leur « mission ». Logiquement, tous auraient relevé de la compétence du « Département des affaires ecclésiastiques extérieures » (DREE).

Le mouvement œcuménique soviétique

Toutes ces mesures facilitèrent par la suite la soumission des dirigeants de toutes les Églises orthodoxes en Europe de l'Est au contrôle de l'État soviétique. Quelques années plus tard, en 1958, les mêmes hommes d'Église participèrent tous à un « front » appelé « Conférence chrétienne pour la paix». C'est ainsi que les activités de propagande de l'EOR s'élargirent pendant la Seconde Guerre mondiale, avec le lancement de ce qui fut de fait un « mouvement œcuménique sous contrôle soviétique ». Le contrôle par l'État soviétique put être établi grâce au « contrôleur » effectif du NKVD au sein du « Département des affaires ecclésiastiques extérieures », Alexei S. Bujevsky (officiellement le « secrétaire laïc du DREE »), qui continua à assumer ses fonctions au sein du comité de direction de la Conférence chrétienne pour la paix. Plus tard, il siégea au sein de l'exécutif du Conseil œcuménique des Églises, lorsque toutes les Églises du « bloc de l'Est », dont la CCP, rejoignirent le COE en 1961, leur entrée ayant été arrangée par le prélat de l'EOR qui dirigeait la CCP, le métropolite Nicodème. L'année suivante, ce dernier supervisa l'« Accord Rome-Moscou » en vertu duquel les Pères du Concile du Vatican s'engagèrent à ne prononcer aucune critique à l'encontre de la Russie ou du communisme lors de leurs sessions.39 Mais, fait révélateur, lorsqu'en septembre 1990 fut annoncée la clôture de la CCP... à l'ère de la « glasnost », la déclaration de Moscou ne fit nullement référence au rôle que l'EOR avait joué dans la promotion de sa propagande, ou en s'assurant de l'adhésion de ses homologues orthodoxes.40 Alors que l'Occident entendit bon nombre d'excuses de la part des Russes, pour tout – de l'assassinat du tsar aux activités plus récentes du KGB – il ne fut jamais question de l'EOR et de son ancienne soumission à l'État. De même, aucun regret ne fut exprimé pour le rôle qu'elle joua dans la soumission d'autres dirigeants, ainsi que dans l'expansion de l'empire soviétique. N'est-ce pas étrange ?

Comment pourrait-on l'expliquer ? Une explication plausible repose sur le fait que les relations entre l'EOR et l'État sont intactes et que l'EOR demeure servile. En outre, la reconnaissance de sa soumission à l'État à l'époque soviétique attirerait inévitablement l'attention sur les activités de la CCP, dont l'impact sur la politique en Occident reste prégnant. À l'image de l'archevêque Garbett qui est intervenu, en effet, comme instrument de propagande soviétique, certains membres du clergé en Grande-Bretagne ayant eu des liens avec la CCP continuent à promouvoir ces objectifs soviétiques. Je pense à cet égard à un chanoine anglican qui mena une campagne pour le retrait du sous-marin Trident et contribua à la naissance du mouvement de dévolution en Grande-Bretagne : un mouvement qui, via l'affaiblissement progressif du Royaume-Uni, peut nuire à long terme à l'engagement britannique en matière de dissuasion nucléaire. Nous pouvons établir que la personne à laquelle les membres de la CCP en Grande-Bretagne rendaient compte à Moscou était A. S. Bujevsky, qui avait été nommé au « ministère des Affaires ecclésiastiques extérieures » par Staline lui-même.41 Ce dernier élément démontre clairement que, tandis que la Russie semble avoir changé, certaines politiques soviétiques continuent à être mises en avant à l'Ouest.

Avant d'examiner de quelle manière un ministre de la religion est en mesure d'exercer une telle influence sur la politique britannique, il est important de montrer comment la CCP soviétique parvint à s'établir en Grande-Bretagne et de quelle manière elle fonctionna « sous le couvert » du mouvement œcuménique. De l'avis du Dr Julian Lewis en 1985 : « C'est avec la formation de la prétendue Conférence chrétienne pour la paix que la manipulation soviétique de la religion à des fins politiques est entrée pleinement sur la scène internationale. La CCP est le plus jeune membre d'un réseau de 13 grands organismes de façade, d'envergure internationale, coordonnés et contrôlés par le Département international du Comité central du Parti communiste soviétique » (« The Red Faces of Religion », Salisbury Review, 1/1985). La CCP avait été instaurée en 1958 dans le cadre d'une stratégie visant à déployer des ecclésiastiques occidentaux comme agents de propagande afin de parvenir à l'abandon des armes nucléaires. En 1964, un « groupe régional » fut lancé en Grande-Bretagne, le Chanoine anglican Paul Oestreicher, un secrétaire du Conseil britannique des Églises, y jouant un rôle clé. Lui succéda ensuite le Chanoine Kenyon Wright, qui fait l'objet de la présente étude et joua un rôle politique majeur. À l'instar des autres membres, il exerça un certain nombre de fonctions au sein de l'organisation œcuménique. De tels liens leur permirent de promouvoir les objectifs soviétiques sous le couvert des « Églises ». C'est ainsi que Wright fut le Secrétaire général du Conseil des Églises écossaises (le CEE), tout en étant nommé ultérieurement secrétaire chargé de la coordination de l'ensemble du front (Revue de l'Église d'Écosse, Life and Work, septembre 1990). Mais puisque tous les fronts étaient contrôlés par le KGB, quelles implications cela a-t-il pour la personne désignée comme secrétaire chargé de la coordination de la CCP ?

CHAPITRE 9
KENYON EDWARD WRIGHT
ET LA CCP PRO-SOVIÉTIQUE

Le Chanoine Wright entra en scène en 1981, lorsqu'il fut nommé Secrétaire général du Conseil des Églises écossaises, le CEE. Cette nomination intervint quelques semaines après la décision du gouvernement conservateur britannique d'installer des sous-marins Trident en Écosse. Par la suite, lorsque l'Église catholique en Grande-Bretagne fut autorisée à rejoindre l'« organisation œcuménique » comprenant le CEE et le Conseil britannique des Églises, le CBE, le Chanoine Wright instaura le « dialogue inter-religieux » en Écosse, qui conduisit l'Église à rejoindre un nouvel organisme œcuménique appelé « Action of Churches Together in Scotland » ou ACTS (Action commune des Églises en Écosse). Cette adhésion, qui eut lieu en 1990, eut pour conséquence, comme nous l'avons vu précédemment, d'inciter fortement les Évêques d'Écosse à accepter les ordres anglicans, un mouvement susceptible de permettre à un protestant de participer à une messe.

Pour que la Russie puisse dominer le monde, il fallait tout d'abord procéder au retrait des armes qui jouent actuellement un rôle dissuasif. Or, pour l'heure, ces armes se trouvent à bord des sous-marins nucléaires Trident. Depuis sa nomination comme dirigeant du CEE, Wright a été l'instigateur de plusieurs mouvements en faveur de leur retrait des eaux écossaises. Nous pouvons voir en cela un lien avec le « front » soviétique auquel il appartenait, dans la mesure où l'objectif même de la CCP était d'inciter les gouvernements occidentaux à abandonner leurs armes nucléaires. Vous vous demandez peut-être comment un seul homme peut obtenir l'abandon du programme Trident : en tirant parti du potentiel que lui offre la situation en Écosse. Du point de vue des organisateurs soviétiques de la « Conférence chrétienne pour la Paix », la CCP, l'« organisation de façade » à laquelle Kenyon Wright appartenait, l'Écosse présentait un certain potentiel par le fait que sa population était majoritairement socialiste, le CEE étant un « organisme œcuménique » à même d'instiller la propagande soviétique dans l'esprit de la population. La priorité de Wright était d'enrôler l'Église catholique dans le CEE, de sorte que, en représentant les Églises de toute l'Écosse, ce dernier puisse être un lobby politique en faveur de la création d'un Parlement écossais. Les éléments suivants révèlent les liens de Wright avec les services de renseignement soviétiques et suggèrent que, s'il ne souhaitait pas être reconnu comme fondateur du Parlement, c'était avant tout pour ne pas attirer l'attention sur ces mêmes liens.

Wright (né à Paisley en 1932) fut ordonné pasteur méthodiste. À la suite de l'union des Églises méthodistes et anglicanes en Inde, il gagna sa légitimité au sein de l'ordre anglican. En 1979, son appartenance au CCP soviétique fut révélée lorsqu'il organisa une conférence du CCP à la cathédrale de Coventry.42, 43 En 1981, il s'installa en Écosse en tant que Secrétaire général du Conseil des Églises écossaises (CEE), où il mena campagne en faveur du retrait des sous-marins Trident des eaux écossaises, promouvant cette « cause » au sein des « Églises ». Son ancienneté dans les services de renseignements soviétiques devint évidente en 1982 lorsqu'il co-rédigea le « message » de la « Conférence pour la paix » à Moscou, parrainée par le KGB. 44 En 1984, il rejoignit une délégation de dirigeants de la CCP dans le but de promouvoir des politiques soviétiques en Finlande, en Suède et en Allemagne. 45 Plus tard, il se targua de s'être entretenu avec M. Gorbatchev.46 En 1990, il fut nommé secrétaire de la CCP, une nomination qui fut naturellement décidée depuis Moscou 47 d'où son importance.

Si, en définitive, la CCP était sous le contrôle du « Département international »48 du Parti communiste soviétique, son fonctionnement quotidien était assuré par l'agent du KGB, Alexei S. Bujevsky, qui dirigeait le Département des relations ecclésiastiques extérieures de l'EOR à Moscou.49, 50 Ce dernier menait les activités de la CCP depuis son comité de direction.51 Le Groupe régional britannique de la CCP fut lancé dès 1964, le Chanoine Paul Oestreicher du CBE jouant un rôle clé52 en son sein, tandis que le Chanoine Wright occupait le poste de vice-président du groupe.53 Des preuves établissant un lien avec le Chanoine Oestreicher et Bujevsky furent publiées en 2004,54 ce qui implique que le reste du Groupe était sous ses ordres, y compris le Chanoine Wright. Il est intéressant de noter qu'en 1987, un article dénonçant ses activités dans The Salisbury Review concluait que : « Les preuves émanant de la Scottish Churches House sont le fruit d'une opération extrêmement complexe et minutieusement planifiée, mise en œuvre par des défenseurs du matérialisme dans les Églises, mais contrôlée et menée à l'instigation du Département international du Parti communiste soviétique »55 (propos soulignés par l'auteur).

L'utilisation de la religion à des fins politiques

Comme indiqué précédemment, dès 1984, Wright utilisa un plan œcuménique, le « dialogue inter-religieux », comme plateforme pour l'instauration du Parlement écossais. Ce « dialogue » s'appuyait sur le désir des chrétiens d'œuvrer pour l'« unité ». Ainsi que nous l'avons vu, lorsque le Pape Jean-Paul II se rendit en Grande-Bretagne en 1982, les dirigeants du CBE lui demandèrent instamment de permettre à l'Église catholique de rejoindre leur organisation.56 En réponse, il invita leurs représentants à Rome « afin de poursuivre les discussions »,57 lesquelles aboutirent à la mise en place de ce « dialogue » en 198458 et permirent à l'Église de rejoindre, en 1990, les nouvelles organisations remplaçant le CBE et le CEE.59 De plus, lorsque le Pape rencontra les évêques écossais, il les félicita de leur participation.60 (À cet égard, il est intéressant de noter que le supérieur de Wright, l'Évêque Alistair Haggart, conduisit la délégation à Rome en 1983 qui avait mené l'Église catholique à participer au dialogue inter-religieux61). Un élément clé de ce « dialogue » fut la mise en place de groupes d'études interconfessionnelles qui, après la lecture d'un livret, furent invités à remplir un questionnaire. Bon nombre des questions, telles que « Les Églises devraient-elles être davantage impliquées dans la vie politique ? » et « Devraient-elles promouvoir l'unité ? »62 reflétaient les idées du livret. Or, lorsque le CBE publia les « résultats » en 1986, il affirma que la majorité des participants s'était dit en faveur de ses propositions œcuméniques. Mais dans un article paru dans la Salisbury Review, l'auteur révéla une faille dans les résultats :

« Aucune information ne fut donnée quant à la façon dont l'échantillon fut sélectionné, un élément qui est d'une importance cruciale, car sans une technique statistique garantissant un échantillon aléatoire, les résultats pouvaient être manipulés par les parties ayant des intérêts particuliers. Comme on pouvait s'y attendre, rien, dans la manière dont les preuves étaient présentées, ne vint contredire l'hypothèse de base selon laquelle la libération et l'œcuménisme étaient les valeurs les plus demandées par le peuple. De fait, l'objectif était de projeter la nécessité d'une Église qui répondait aux besoins du 'peuple' plutôt qu'à la volonté du Dieu Tout-Puissant ».63

Rendus publics juste avant les Conférences du dialogue inter-religieux, ces « résultats » donnèrent un nouvel élan à la participation catholique. C'est ainsi qu'à la Conférence de Swanwick en septembre 1987, le Cardinal Hume engagea l'Église à rejoindre le CBE/CEE.64 En cette période cruciale, Wright poursuivit sa mission par l'élaboration d'un plan politique. Il avait déjà transformé le CEE en plateforme d'expression en faveur des idées de gauche, comme le montrèrent les minutes du « Comité Communauté, Justice et Paix ».65 À partir de là, il prolongea cela par une campagne en faveur de l'instauration d'un Parlement écossais. Les premiers signes de ce changement furent évidents lors de la Conférence du PCI qui se tint juste après Swanwick, à St Andrews, en septembre 1987, lorsqu'il organisa une « séance sur la situation générale en Écosse » invitant les « Représentants des autres secteurs de la vie écossaise : les syndicalistes, les politiciens, etc. »66 Ayant gagné le soutien souhaité, il s'attacha à défendre la « Campagne pour une Assemblée écossaise » en 1988, qui donna naissance un an plus tard au lancement d'une « convention constitutionnelle ». Celle-ci avait pour but de préparer un Parlement écossais dont Wright serait le « Président de l'exécutif », tandis qu'il continuerait à occuper le poste de Secrétaire général du Conseil des Églises écossaises.

La campagne en faveur de l'abandon du programme Trident

En 1999, le Parlement fut créé avec le soutien du Parti travailliste, le Labour. Puis Wright défendit la « dévolution » au pays de Galles, etc. Dans le même temps, son opposition au programme Trident continua de s'exprimer par le biais du groupe ACTS qu'il avait lancé. Ainsi, un rapport intitulé « Churches attack nuclear camp » (Catholique Herald, 29 novembre 1991) rapporte que « Action of Churches Together (ACTS), l'organisme inter-religieux le plus important au nord de la frontière approuva tacitement la dernière initiative de la CND [Campagne pour le désarmement nucléaire] écossaise dans sa campagne de longue date contre Trident. » Dans le même temps, un « groupe multipartite de la CND » fut formé au sein du Parlement écossais pour exiger le retrait du programme Trident. En 2000, il présenta au Parlement une pétition rassemblant 8000 signatures et indiquant : «Nous, peuple écossais, faisons savoir par la présente, que nous ne tolérerons plus d'armes nucléaires sur notre territoire ou dans nos eaux. En exprimant maintenant notre volonté claire, nous chargeons nos représentants politiques de débarrasser l'Écosse de Trident ». Cette pétition fut présentée par le Chanoine Wright lui-même (rapport de la CND écossaise en date du 22 mai 2001).

Avec l'imminence du référendum sur l'indépendance écossaise en 2014, la question de l'abandon du programme Trident est appelée à jouer un rôle essentiel et à être utilisée dans la promotion de cette cause en Écosse. Un journaliste écossais s'est ainsi demandé : « Que se passerait-il si, dans le cadre de son mandat électoral, (le Parlement écossais) décidait d'exiger le retrait du Trident d'Écosse ? Un refus pourrait conduire à l'indépendance, le SNP s'engageant à un retrait progressif mais complet du Trident de la Clyde. » 67

L'agenda caché

Selon Christopher Story, rédacteur en chef du Soviet Analyst : « L'intervention de Moscou dans la mise en place des assemblées régionales du Royaume-Uni peut être perçue de la manière suivante.

Un rapport de la revue 'Life and Work' de l'Église d'Écosse publié en septembre 1990 annonça que la Conférence chrétienne pour la paix était sur le point de s'achever, et, fait notable, avait créé un comité intérimaire de travail, avec le Chanoine Kenyon Wright, ancien Secrétaire général du Conseil des Églises écossaises, comme Secrétaire chargé de la coordination ».

« Le rapport déplorait également les 'erreurs et les échecs' de la CCP, de l'aveu même du Chanoine Wright, son 'ancien' responsable bien connu au Royaume-Uni, qui aurait affirmé que l'organisation avait été trop étroitement assimilée à 'une forme particulière de socialisme en Europe'. L'article dénonçait les 'erreurs' et les échecs de la CCP à l'égard du soutien qu'elle apporta par le passé à l'Union soviétique. La véritable signification de ce rapport découle des éléments suivants. En premier lieu, il précéda de quelques semaines seulement la publication des plans pour un Parlement écossais. En novembre 1990, la Convention écossaise, l'organe que Wright avait mis en place pour ouvrir la voie au Parlement, devait publier ses plans pour l'instauration du Parlement. Ceux-ci reçurent le soutien du parti d'opposition de l'époque, le Labour, tandis que le gouvernement conservateur les considérait comme nuisibles sur le plan politique. Il aurait suffi de disposer de preuves indiquant que leur instigateur avait des liens avec les Soviétiques et ces plans auraient été mis à mal. Ces éléments de preuve étaient présents en toile de fond, sous la forme d'un article de 1987 écrit par le Dr Roger Watson intitulé 'Subversive Theology' et publié dans la Salisbury Review. Cet article, après avoir révélé les liens de Wright avec la CCP et ses activités pro-soviétiques, concluait : 'Les preuves émanant de la situation en Écosse sont le fruit d'une opération extrêmement complexe et minutieusement planifiée, mise en œuvre par des défenseurs du matérialisme dans les Églises, mais contrôlée et menée à l'instigation du Département international du Parti communiste soviétique'. L'article fournissait un certain nombre de preuves incontestables et, en conséquence, aurait pu être utilisé pour discréditer Wright et le programme qu'il menait en faveur d'un Parlement écossais.

Quoi qu'il en soit, la publication de l'article dans 'Life and Work' en septembre 1990 changea la donne. En annonçant la fin de la Conférence chrétienne pour la paix et, par conséquent, du poste de Wright qui la présidait, l'article tira un trait sur ses activités antérieures (la fameuse technique de la 'rupture avec le passé'). Dès lors, en théorie, Wright pouvait œuvrer pour un Parlement écossais sans crainte de nouvelles révélations préjudiciables telles que celles de la 'Salisbury Review'. La plus grande conséquence, dans le cas présent, tient au fait que l'article annonçant la clôture de la Conférence chrétienne pour la paix doit avoir été commandité, selon cette analyse, par Moscou. Et si cela est vrai, il est évident que Moscou avait un intérêt dans l'établissement du Parlement écossais et des autres assemblées régionales qui sont destinés à fragmenter le Royaume-Uni... De plus, le rôle constant de Wright en tant que fer de lance de l'opposition politique au Trident fut assurément un motif sous-jacent, parmi d'autres »68 (propos soulignés par l'auteur, IC).

Plus récemment, le Parti national écossais, au pouvoir au Parlement écossais, a choisi de tenir un référendum en 2014 sur la question de l'indépendance de l'Écosse. Si celle-ci est adoptée, et il est clair qu'Alex Salmond, le leader du SNP, entend qu'elle le soit, cela conduira au retrait du Trident des eaux écossaises, une décision qui, dans les faits, compromettrait nos défenses. Or, n'est-il pas intéressant de noter que l'instigateur même de cette décision pourrait également provoquer l'abolition de la Messe dans l'Église ?

CHAPITRE 10

SITUATION DE CRISE EN ÉCOSSE

Le message de la Vierge Marie du 13 juillet 1917 est clair sur le fait que le Troisième Secret est une forme de punition provoquée par les péchés continuels de l'Homme. Mais le seul fait que le Pape et ses évêques doivent consacrer la Russie afin de mettre un terme à ses attaques signifie, assurément, que c'est l'Eglise qui est la cible de ces attaques et cela sous-entend donc que pour encourir une telle punition, ses ministres doivent avoir failli à leur mission essentielle d'une manière si grave qu'ils ont accompli la mission de « promouvoir le péché ». Ce qui suit est l'exemple d'un tel échec. Cela concerne un prêtre qui a donné un conseil scandaleux par téléphone : par exemple, celui de pousser une femme enceinte à se rendre dans un centre où l'on pratique des avortements.

Lorsque les plaintes ont été adressées à son archevêque, ce dernier l'a soutenu, et le Vatican a non seulement manqué de prendre des mesures, mais le Nonce apostolique, le délégué officiel du pape en Grande-Bretagne, lui a réservé un soutien public ! Il s'agit là donc d'un scandale au niveau de la haute hiérarchie, le délégué officiel du pape qui est sur le point d'être canonisé!

De surcroît, il s'agit du même pape, Jean Paul II, qui a autorisé l'entrée de l'église dans le 'Processus interconfessionnel' du Royaume-Uni en 1983, un événement qui est de nature à nuire à l'église eu égard à l'accomplissement du Troisième secret de Fatima – et qui non seulement a négligé le sacre de la Russie, mais a également reproduit ce que nous avons exposé comme une version canular du Secret. Voici donc le compte rendu du fameux scandale qui a été perpétué pendant que 'saint' Jean Paul II, a été 'en charge' de l'église.

LE PRÊTRE QUI EST UN 'AGONY UNCLE'

Voir aussi www.christianorder.com/features/features_2002/features_dec02_bonus_1.html

Cela fait près de trente ans que je suis engagé dans une lutte pour faire partir un prêtre catholique des ondes d'une radio. Au fil des années, les auditeurs de la Radio Forth d'appels téléphoniques 'Open Line' ont entendu des choses invraisemblables de son hôte, Fr. Andrew Monaghan, ou 'Andy', le sobriquet connu 'sur les ondes'. Car il donnait implicitement des conseils approbatifs soutenant l'avortement, la contraception, la fornication et même encourageait les homosexuels à fréquenter un 'groupe gay' lié à une organisation pédophile. Lorsque les plaintes ont été formulées, ses supérieurs se sont ralliés à lui pour le supporter. En lisant ce rapport, vous vous demanderez si dans son indéfectible soutien pour ce prêtre, la hiérarchie n'est pas en train de défaillir dans sa responsabilité envers la communauté dans son ensemble.

Le programme était diffusé à partir d'Édinbourg tous les samedis aux heures du soir. Il a commencé en 1979, et était animé par ce prêtre, assisté d'une 'conseillère'. L'audience se dénombrait presque à 60 000 personnes. Pour des raisons de gestion, le programme s'est éteint en 2009.

En 1982, je dirigeais un groupe' anti-avortement à Édinbourg, et j'ai entrepris de vérifier les rapports dans lesquels Fr. Monaghan conseillait aux femmes enceintes de se rendre à 'Brook Advisory Centre' de leur localité – qui était, entre autres, une agence pilote d'avortement. La preuve a en fait été substantielle. Ainsi le 22 mars 1982, j'ai réalisé un enregistrement avec 'Jean', la conseillère, auprès d'« Andy » – qui assistait une femme répondant au nom de Pauline, surprise par une grossesse non planifiée en ces termes : « vas-y chez 'Andy' comme recommandé ci-haut... c'est le Centre consultatif de Brook... et, de là, tu pourras décider si oui ou non tu veux garder cet enfant. » Puis j'ai découvert que 'Jean' - était la secrétaire organisatrice du 'Centre Brook', Mme Jean Malcolm !

Donc, nous avons vu là le responsable d'une agence d'avortements qui était d'intelligence avec un prêtre pour orienter les femmes enceintes vers son Centre ! Sans tarder, j'ai immédiatement écrit au supérieur de Fr. Monaghan, le cardinal Gray, en y joignant une transcription de l'appel – et en révélant l'identité de 'Jean'. Sa réponse a été de demander à Fr. Monaghan de m'écrire... et il a persisté à dire que 'Brook' aidait constamment les filles dans la gestion de leurs enfants. Néanmoins, je n'étais pas si facilement dupe puisque j'avais des déclarations recueillies de 'Brook' établissant que son but était de fournir des contraceptifs et de donner voie libre à l'avortement. La plupart des femmes enceintes qui s'y rendaient, ont connu un avortement. Alors pourquoi ce prêtre était-il permis à animer des émissions de cette manière ? Pourquoi était-il si apparemment immunisé contre la censure ? N'y avait-il pas un lien significatif du fait – que son oncle soit l'évêque auxiliaire de l'archidiocèse St. André et d'Édinbourg ?

Quant à 'Jean', après que son identité ait été révélée au cardinal, elle a abandonné le programme et n'y est jamais retournée... Tous ses successeurs n'ont pas cessé de poursuivre la politique de recommandation des femmes enceintes au 'Centre Brook'. Le 14 mai 1983, une écolière répondant au nom de Linda a appelé pour dire qu'elle était enceinte et ne voulait pas que ses parents le sachent. 'Jessie', la nouvelle conseillère l'a enjointe de se rendre à Brook. Voici la conversation qui s'en est suivie :

Linda : « Pourrais-je obtenir un avortement en privé ? »

Jessie : « La meilleure chose que tu pourrais faire est de contacter 'Brook Advisory Centre' et ils seront capables de te donner toutes les informations que tu désires. Vas-tu le faire ? »

Linda : « Je suis actuellement en plein milieu de mon cycle d'orientation ... »

Andy : « Tu n'as aucun examen la semaine prochaine, Linda, n'est-ce pas ? »

Linda : « Eh bien, j'ai la 'Comptabilité' le lundi. »

Andy : « Oui, eh bien, c'est possible le mardi alors – tu seras libre le mardi, n'est-ce pas ? »

Linda : « Ah, oui. »

Andy : « Ce jour-là te conviendrait peut-être pour un voyage'à Édinbourg – tu pourrais appeler le lundi soir – hein ? »

Linda : « Oui. »

Andy : « Veux-tu essayer cela ? »

Linda : « Oui, j'essaierai cela. »

Jessie : « Parfait, eh bien, fais-le - et nous penserons à toi, Linda. »

Les conseillers 'Open Line' ont également référé les jeunes gens au Centre Brook pour des conseils sur les contraceptifs. Ainsi le 7 mai 1983, un garçon de 18 ans du nom de 'Colin' s'est confié à 'Andy' pour lui dire qu'il était sexuellement actif. La conseillère 'Helen' l'a encouragé de visiter le Centre Brook pour chercher assistance en contraceptifs, et Andy lui a ensuite demandé de se confier à une conseillère là sur place. Sans tarder il a piqué droit à Brook pour être conseillé en matière de la contraception, de la même manière que Linda était partie pour se préparer à l'avortement, tous les deux couverts de la bénédiction d'« Andy » !

De nouveau, je me suis plaint auprès du cardinal Gray, mais dans sa réponse du 21 juin 1983, il a essayé de dissiper mes préoccupations en prétextant que : « le travail du père A Monaghan sur Open Line… a déjà été étudié au niveau local et à Rome… » – une insinuation pour dire que les émissions étaient approuvées. Malheureusement, cet effort de me congédier a échoué, car sans beaucoup tarder plus de preuves sur les groupes recommandés d'Andy nous sont parvenues.

UN GROUPE AVEC DES LIENS PÉDOPHILES

Un autre groupe recommandé par 'Andy' en Open Line a été le Groupe des droits d'homosexuels écossais, SHRG, qui gérait un 'centre gay'. Il a été à l'origine basé au sein de l'aumônerie catholique de l'université d'Édinbourg sur la Place Georges. Déjà dans les années 1970 l'aumônier d'alors Fr. Anthony Ross OP avait permis à ce groupe d'organiser des danses commerciales dans l'enceinte de l'aumônerie, ce qui a récolté autant de succès qu'ils ont recueilli des fonds suffisants pour acquérir un siège permanent sur la rue Broughton. J'étais préoccupé au sujet de ce centre de la même manière que je l'étais pour 'Brook' pressentant qu'il pourrait cacher des dangers inédits. Alors au printemps de l'an 1984, le responsable de « Family and Youth Concern » m'a demandé d'enquêter si le groupe pédophile Échange d'informations de pédophiles – PIE, était lié à SHRG ou non, comme il produisait un magazine dont l'adresse postale se localisait sur la rue Broughton.

Ainsi au su de la police, je me suis infiltré au sein de SHRG et ai découvert que son responsable, Ian Dunn, avait, avec deux autres, implanté PIE, et utilisait son propre appartement comme l'adresse postale pour son magazine. Je l'ai enregistré en train de se vanter d'avoir eu des rapports sexuels avec un garçon de 14 ans et la bande magnétique a été utilisée comme un moyen pour que le parti travailliste le renvoie comme leur candidat aux élections régionales. Ma preuve du lien entre SHRG et PIE a aussi forcé Dunn à abandonner une poursuite en diffamation qui s'évaluait à 21 000 livres sterling contre Scottish Sunday Mail, qui avait publié un exposé de Dunn sans être en possession de tous les faits. Dunn gérait également un cercle de 'contact' pour hommes 'alimenté' par la perversion urinaire des 'Sports nautiques', comportant un risque inhérent de 'sida'.

C'est cela donc que j'ai découvert au sein de SHRG, dans le groupe que recommandait Fr. Monaghan en Open Line. Mes renseignements étaient pris sérieusement par la police, la presse et le parti travailliste. Les seules personnes qui sont restées étrangement insensibles – étaient les supérieurs de Fr. Monaghan !

Remarque : la preuve du lien entre SHRG et P.I.E. est citée dans 'Le cul-de-sac sexuel' du Dr. Stephen Green : Presse Broadview 1992.

MONTÉE DE LA PRESSION...

En mai 1985 j'ai écrit une 'lettre ouverte aux catholiques dans le cadre de la Radio Forth' et je l'ai largement distribuée dans un effort de motiver les laïcs à exercer la pression sur le cardinal Gray. Le problème avec les laïcs – était qu'ils étaient foncièrement apathiques. La lettre ouverte a été distribuée sous forme de brochure et l'a été en milliers d'exemplaires lors d'un important rassemblement charismatique. Le Daily Record écossais en a fait écho le jour qui a suivi – le 28 mai - et la hiérarchie a immédiatement publié une déclaration en prétendant que mes allégations ont été sans fondement. C'était une guerre verbale qui n'avait aucun effet. J'étais enfin soulagé lorsque le responsable de l'organisation catholique 'Pro Fide' a décidé de donner un coup de main. Il connaissait un prêtre au Vatican - travaillant au sein du concile pontifical pour la famille – le même département que le cardinal Gray prétendait avoir approuvé les émissions d'Andy. En peu de temps, le Vatican avait rouvert le cas.

À ce moment le cardinal Gray frisait les 75 ans d'âge et avait annoncé sa retraite en tant qu'archevêque. Son successeur portait le titre du très révérend Keith Patrick O'Brien, Recteur du petit séminaire avoisinant Aberdeen. Lorsque le responsable de Pro Fide lui a écrit pour se plaindre de la manière dont Andy faisait la promotion de 'Brook' et de 'SHRG', il a répondu, prétendant que 'Brook' n'est pas engagé dans l'avortement, SHRG n'a aucun lien avec la pédophilie, et sur Open Line Fr. Monaghan fait du bon travail – qui est couvert de la bénédiction du pape.* Il était grand temps pour que le Vatican intervienne.

*'Assassinat de personnalité' Approches d'Hamish Fraser d'avril 1993 - 1986.

LE VATICAN S'INTERPOSE

À ce moment, j'avais compilé un dossier d'évidences qui était alors examiné par le Vatican. En ce qui concerne la conversation avec 'Linda', le droit canon stipule la peine d'excommunication non pas seulement contre la femme et le chirurgien, mais aussi toute personne l'ayant influencée d'avoir un avortement. Il n'y a pas encore eu de 'Requête canonique'. Les transcriptions n'ont même pas été citées par le Vatican dans sa réponse écrite à l'attention de Fr. Monaghan. Le cardinal Gagnon, le chef du département susmentionné, a simplement demandé à Fr. Monaghan de rédiger un rapport des objectifs et des présuppositions de ses conseils sur Open Line. Il a alors déclaré que la réponse de Fr. Monaghan a montré qu'il a failli d'observer les enseignements de l'église. C'est un peu comme la police qui, après avoir rassemblé les éléments de preuve par vidéosurveillance au sujet d'une agression, demande à l'auteur de l'agression ses points de vue sur les droits de l'individu. Il est clair que si le Vatican avait exploité la preuve, il n'aurait pas manqué de prendre des mesures qui s'imposent ! Au contraire, il a minimisé cela, et par conséquent ce prêtre était libre de continuer comme avant...

Car en avril 1988, le cardinal Gagnon a simplement demandé à l'archevêque O' Brien de relever Fr. Monaghan d'animer de l'animation de ces émissions. Par la même entremise, il a annoncé que s'il refusait, il ferait connaître à toute la Grande-Bretagne que l'autorisation qui lui était accordée d'animer ses émissions lui était dès lors retirée. L'archevêque O'Brien a simplement refusé – ainsi le cardinal Gagnon a gardé sa promesse. Dans ses lettres il a décrit la participation d'Andy à Open Line de 'scandaleuse'. Ces lettres ont été passées à la presse et publiées et immédiatement Fr. Monaghan a commencé une campagne visant à renforcer son soutien. En prétendant faussement que le Vatican l'avait 'condamné', il a réussi à manipuler la situation à son avantage. Lors de son assemblée annuelle de 1988, la Conférence nationale des prêtres, composée d'un clergé libéral, a passé une motion de soutien en faveur de Fr. Monaghan, sans même considérer les éléments du dossier. Il y avait parmi les assistants le Nonce apostolique, l'archevêque Luigi Barbarito, qui a fait une intervention musclée qui s'est imposée. En lui demandant de commenter sur le retrait de l'approbation de Rome qui était accordée à Fr. Monaghan, il a déclaré qu'il 'n'avait pas besoin de la permission du Vatican pour animer une émission'. C'est de cette manière qu'il a saboté tous les efforts du cardinal Gagnon de mettre un terme au scandale. Il a été clair que le feu vert a été donné à l'archevêque O'Brien de permettre à Fr. Monaghan à continuer d'animer ses émissions. Et depuis, il a continué à prodiguer ou à entretenir des conseils scandaleux sur son programme, comme le montrent clairement les transcriptions ci-après :

1) 'Andy' : (présentant son amie conseillère) 'Leslie'…

Leslie : « Cécille, merci de ton appel. Tu as 36 ans et tu es enceinte, et tu sens … tu n'as pas envie de continuer avec cette grossesse…' (Elle recommande le 'Brook Advisory Centre' et ajoute…) 'Si tu décides d'aller de l'avant avec une interruption de grossesse, ils peuvent organiser cela pour toi… »

Andy : « Merci, Leslie »   (Programme du 19.11.95)

2) 'Andy' : 'Karen, tu as appelé de Falkirk. Toi et tes amis font trois sessions mixtes avec hommes et femmes dans un lit. Les filles ne font aucune publicité mais vous avez plein de travail simplement de bouche à oreille, et le fisc est maintenant à vos trousses et vous êtes terrifiées du fait que vos employeurs risquent d'avoir les informations sur votre travail. Je pense que c'est important, Karen, que vous cherchiez quelques conseils à ce sujet. Visitez le Bureau conseil aux citoyens pour commencer, et ils vous aideront à sortir des méandres de toutes les pratiques compliquées. Soyez sages.'   (8/4/03 – IC en gros plan)

3) Le 13/10/02 'Andy' a conseillé une fille de 14 ans qui était enceinte de prendre courage pour subir un avortement et de se rendre au 'Brook Advisory Centre'.

4)   Il a aussi continué à recommander SHRG, en dépit de la preuve de ses liens avec la pédophilie. Ainsi le 14 décembre 1996 il a donné son numéro à un homme qui demandait les 'adresses des homosexuels' pour aller dans Fife.

Auparavant, dans un effort d'influencer la situation par la révélation de la vérité, le cardinal Gagnon a autorisé le prêtre qui avait étudié mes bandes à publier une série d'articles dans le journal des catholiques américains 'The Wanderer' en 1989. Ces derniers se sont servis de mes preuves pour exposer les activités de Fr. Andy. Mais il y a lieu de se demander, si Rome a trouvé les preuves substantielles, pourquoi ne l'ont-ils pas sanctionné ? Cela laisse voir une démission de l'église face à sa capacité de 's'autogérer'. Mais quand l'évêque écossais Roddy Wright s'est enfui avec une femme mariée, le pape a vite réagi en le réduisant au niveau de simple laïc. Pourquoi 'Andy' a-t-il été si exempté de la discipline de l'église ? Au contraire, ses supérieurs l'ont supporté. Son soutien est ainsi devenu généralisé : tout cela à cause du fait que le bras de fer de Rome s'est affaibli. En laissant courir les délinquants, l'église faillit à sa mission envers ceux qu'elle a été appelée à protéger.

Les articles dans 'The Wanderer' ont repris ce commentaire par le prêtre qui a suivi mes bandes dans le cadre de l'investigation du Vatican : 'Loin de nous l'intention de suggérer qu'il n'y a pas de conseils purs et innocents sur « Open Line ». Cet écrivain a écouté longuement des bandes inédites, et peut témoigner que 90 % des conseils sont inoffensifs - et bien évidemment utiles à beaucoup de gens en difficulté. C'est un peu l'histoire d'une coqueluche, et "Andy" et son assistante sont toujours si doux et gentils avec tout le monde. Mais évidemment, c'est précisément cela qui rend le programme si pernicieux. La gentillesse et la douceur même de tout cela emballe l'auditeur dans une atmosphère entièrement sympathique, de sorte que lorsque dans son gentil et sincère accent écossais « Sheila » murmure les mots de « Standard gay », ou lorsqu'« Andy » ronronne son « Merci beaucoup, Judy » après qu'une fille enceinte a été orientée vers un centre consultatif « avortement consenti », là une petite voix se met à chuchoter, « Eh bien, faut-il vraiment se donner tant de peine pour cela ? » 'Et vous devez très fermement vous rappeler que cette petite voix est celle du même gentilhomme qui une fois a lancé une discussion sur le manger des pommes en Éden. Écouter "Open Line" est plutôt comparable à la dégustation d'un doux gâteau aux fraises spongieux aspergé ici et là de quelques gouttes de poison. Ce qui en fait un instrument extrêmement puissant pour répandre ce poison – l'acceptation de l'homosexualité, du sexe pré-marital, et de l'avortement – chez les adolescents écossais. Le scandale flagrant est qu'ils reçoivent ces leçons hebdomadaires "au vu et au su de tous" pour commettre ce péché avec le soutien de l'archevêque de l'église catholique romaine de St. André et d'Édinbourg, et avec la bénédiction d'un dignitaire non moins important que le représentant personnel du souverain pontife en Grande-Bretagne'. (Fr. Brian Harrison dans 'The Wanderer' 20/4/89, en gros plan.)

Le dernier pape Jean Paul II a nommé O'Brien comme cardinal, en dépit de son soutien à Fr. 'Andy' et de son dossier de dissidence. Car en 2002 il avait organisé une 'discussion' sur le célibat des prêtres, revendiquant que les prêtres 'ont un droit divinement octroyé d'aimer et de jouir du sexe' (Tablette du 27/4/02). Et en 2003, à l'annonce de sa nomination comme cardinal, il a déclaré aux journalistes qu'il n'avait 'aucun problème avec les prêtres mariés ou homosexuels' et a convoqué un 'débat sur la contraception'. Le Vatican lui a alors donné des instructions pour promettre solennellement et publiquement d'observer les enseignements de l'église (Catholic Herald du 17/10/03.) Mais après qu'il s'y est conformé, il est revenu sur ses appels à un 'débat' sur les prêtres mariés (Daily Telegraph du 15/10/03). Dernièrement il a été contraint à la démission en 2013 à la suite des rapports qui l'accusaient de s'être rendu coupable d'un 'comportement indigne' dans ses rapports avec le clergé pendant plus de trente ans, mais il demeure un cardinal de l'église.

Il est injuste que le nonce de Jean Paul II soit effectivement de connivence avec ce scandale. Sa seule priorité était de 'défendre' le prêtre. Aucune autorité de l'église, certainement pas 'saint'

Jean Paul II, s'est souciée de ceux qui suivent les émissions de Fr. Monaghan, qui décrivent toutes sortes de péché lié au sexe et même à l'avortement comme acceptable. N'oubliez pas que le but même de l'église est de sauver les âmes. Par conséquent, un tel scandale si flagrant, avec la complicité de sa hiérarchie, signifie un échec dans sa mission essentielle. Qui sait si cela appellera un châtiment qui s'abattrait sur l'église ? Qui sait si l'Écosse sera le point de départ de ce qui a été révélé sous le Troisième secret de Fatima?

Tout ceci devrait être une illustration aux membres de la hiérarchie, pour qu'ils comprennent que leur priorité devrait être le salut des âmes, et que la seule voie d'assurer cela, est de proclamer la vérité – non de supprimer la vérité, mais de la promouvoir pleinement, ouvertement, et courageusement. Cela signifie également, certes, divulguer la vérité concernant le Troisième secret, qui a été révélé par Dieu, à travers Marie, comme un avertissement d'une menace à notre salut.

Il existe un rapport de valeur entre Fr. Monaghan et Canon Kenyon Edward Wright. Car en 1986, alors qu'il prodiguait son conseil scandaleux sur sa ligne téléphonique d'appels directs, Fr. Monaghan 'a animé' des programmes sur Radio Forth dans lesquels Canon Wright a fait la promotion de son 'Processus interconfessionnel' qui a conduit à l'entrée de l'église catholique dans l'organisation œcuménique protestante. Tel qu'indiqué ci-haut, cela porte des germes de provocation d'une crise grave dans l'église, quand quelqu'un comme Canon Wright est invité à participer à une célébration de la messe.

EN CONCLUSION

Le Concile Vatican II, qui devait permettre l'ouverture de l'Église sur le monde, eut pour effet singulier, à la suite de l'« Accord Rome-Moscou »69, 70, de fermer la porte à toute critique de la Russie ou du communisme, et cela à un moment où les Russes prenaient le contrôle du prétendu « mouvement œcuménique », le COE et ses différentes branches. La situation évolua de telle sorte que l'Église catholique en Grande-Bretagne fut autorisée à rejoindre ce même mouvement œcuménique dans un plan dont l'instigateur écossais appartenait à une organisation de façade pro-soviétique.

Conséquence majeure de cette adhésion, qui intervint en 1990, les évêques de l'Église eurent à subir des pressions pour accepter les « ordres » anglicans. Tout ce faux œcuménisme eut pour effet d'induire une certaine indifférence envers les doctrines de la Messe telles que la transsubstantiation. À cet égard, il est certainement utile de rappeler les paroles qui précèdent le Troisième Secret : « Au Portugal, les doctrines de l'Église seront toujours préservées. » Celles-ci ont deux implications : d'une part, que ces mêmes doctrines seront attaquées ailleurs et, d'autre part, que compte tenu du fait qu'elles nous mènent au secret, il doit s'agir de doctrines relativement importantes. Or, quelles doctrines sont plus essentielles à la vie de l'Église que celles sur la Messe ? C'est de la Messe que toute l'Église dépend pour son existence spirituelle au jour le jour ; par conséquent, la Messe constituerait une cible logique dans l'hypothèse d'une attaque visant à ébranler l'Église. Cependant, beaucoup ne comprennent pas qu'une atteinte substantielle de la Messe en un seul lieu aurait des conséquences universelles et l'affaiblirait totalement. De la même manière, ils ne voient pas les dangers qui menacent l'Église depuis qu'elle s'est jointe à un « plan d'unité » avec les protestants, une union susceptible d'ouvrir la voie à une attaque contre la Messe à travers une tentative de validation des ordres anglicans.

La présente étude avait pour objectif de mettre en exergue les épreuves qui attendent l'Église. Il existe en effet une véritable « conspiration du silence » sur les événements qui conduiront à cette crise. Nulle part ailleurs vous ne lirez d'analyse faisant mention des différentes « étapes » de l'attaque à venir, qui indiquent l'approche progressive de l'ennemi de la Messe. Ainsi, n'est-il pas intéressant de noter que, lorsque Notre-Dame apparut pour demander la consécration, Lucie eut une grande vision de la Messe nous conférant « grâce et miséricorde » ? Assurément, l'interprétation logique de cette vision serait que les révélations qui suivent indiquent les dangers à venir.

Dès lors, nous nous dirigeons progressivement vers ce point culminant révélé dans les Écritures. Si celui-ci est inévitable, la seule chose que pouvons faire, c'est nous y préparer. Il est utile de rappeler ici que l'Église a connu de tout temps la persécution. Face à la persécution ultime, nous sommes confrontés à deux choix. Nous pouvons soit adopter une position ferme dans notre foi, et mériter ainsi la vie éternelle, soit renoncer à la foi, et perdre ainsi tout droit à la vie éternelle. Nous pouvons soit professer la foi en Jésus-Christ, soit L'abandonner. Dans le chapitre 4, j'ai évoqué les premiers martyrs romains qui considérèrent comme une joie et un privilège de donner leur vie pour le Christ, à l'image de Ses propres souffrances et de Sa mort. J'ai également découvert comment, le moment venu, ils furent aidés par la présence merveilleuse de Dieu, qui l'emporta sur toutes leurs douleurs. Ce sont ces exemples qui devraient nous inspirer si nous voulons être en mesure de faire face à la même situation. Et ce n'est sûrement pas une honte, si, de toutes les générations dans l'Église, nous avons été choisis pour défendre la foi dans les temps à venir. Nous devons également tenir compte du fait que ces martyrs, selon l'enseignement de l'Église, n'eurent pas à passer par le purgatoire, mais entrèrent immédiatement au paradis avec leurs péchés pardonnés. Dès lors, nous devrions nous concentrer, non pas sur la souffrance, mais sur ce qui se trouve au-delà, là où le Christ nous attend.

Comme je l'ai indiqué précédemment, je soumets mes écrits à la discrétion de l'Église, dans l'espoir qu'ils porteront leurs fruits, et conclurai avec un extrait du Catéchisme de l'Église (article 675 et

677) : « Avant la seconde venue du Christ, l'Église doit traverser une épreuve finale qui ébranlera la foi de nombreux croyants. La persécution qui accompagne son pèlerinage sur terre dévoilera 'le mystère de l'iniquité' sous la forme d'une imposture religieuse apportant aux hommes une solution apparente à leurs problèmes au prix de l'apostasie de la vérité. L'imposture religieuse suprême est celle de l'Antéchrist ... L'Église n'entrera dans la gloire du Royaume qu'à travers ce passage, quand elle suivra son Seigneur dans Sa mort et Sa résurrection ».

RÉFÉRENCES :

1: N.C. Eberhardt, A Summary of Catholic History (Herder, 1961)
2: The Cambridge Encyclopedia of Russia and the Soviet Union (CERSU) (C.U.P., 1982)
3: "Sergei" in The Encyclopaedia of Religion (Macmillan, 1987)
4: Cardinal Mindszenty, Memoirs (New York: Macmillan, 1974)
5: ibid.
6: ibid., also Dr. Trevor Beeson, Discretion and Valour (DV) (Glasgow: Fontana, 1974)
7: CERSU
8: MCM
9: Charles Smyth, Cyril Forster Garbett, Archbishop of York (Hodder and Stoughton, 1959) (CFG)
10: ibid.
11: ibid.
12: Gen. Dmitri Volkogonov, Stalin: Triumph & Tragedy (Wiedenfield and Nicolson, 1991)
13: MCM
14: CERSU
15 Brother Michel de la Sainte Trinite, The Third Secret of Fatima (Tan Books, 1991)
16: ibid.
17: Laszlo Revesz, Christian Peace Conference (London: Institute for Study of Conflict, 1978)
18: ibid. and DV
19: R. Deacon Macdonald, The Truth Twisters (1986)
20: Rachel Tingle, Another Gospel? (London: Christian Studies Centre, 1988)
21: ibid.
22: Sex and Morality (BCC, 1966)
23: God's Yes to Sexuality (BCC, 1981)
24: Bernard Smith, "Open Eyes" No. 21, 30 Clifton Rd, Worthing, Sussex
25: Peter Jennings and Eamonn McCabe, The Pope in Britain (Bodley Head, 1982)

26: Rev. Derek Palmer, Strangers No Longer (Hodder and Stoughton, 1990), 23 (see quote in chapter 7)

27: l'Osservatore Romano, Weekly Edn., Nov 4, 1992

28: Apostolicae Curae, 1896

29: Dr. Ludwig Ott, Fundamentals of Catholic Dogma (Cork: Mercier Press, 1955)

30: for details of the pressure brought to bear on Pope Pius XII, see http://www.catholicvoice.co.uk/fatima3/

31: George Flynn, Religion and Romanism (Greenwood Press, CT, 1970); Joseph Lash, Roosevelt and Churchill (Andre Deutsch, 1977) 437–8

32: Brian Crozier, Free Agent (Harper/Collins, 1993)

33: Lord Moran, Churchill: the Battle for Survival (Constable, 1966)

34: MCM & DV

35: CFG

36: MCM

37: DV

38: MCM

39: A.S. Guimarães, The Metz Pact (Catholic Family News, Sept. 2001); Jean Madiran, The Vatican-Moscow Agreement; "Fatima Crusader" No. 16

40: Church of Scotland's "Life and Work," Sept. 1990

41: Soviet Analyst, Sept. 2004

42: "Mainstream," Winter 1978

43: Publicity material for CPC meeting (Prague, July 1985)

44: "European Nuclear Disarmament," Churches Register, Sept. 1982

45: Report on a CPC Delegation in 1984

46: Interview on Radio Forth, March 1, 1987

47: "Life and Work," Sept. 1990

48: Problems with Communism (US Information Agency, 1987)

49: Jane Ellis, The Russian Orthodox Church (Crown Helm, 1986)

50 "The Gospel According to Marx" (Reader's Digest, Feb. 1993)

51: CPC Information Bulletin 47, May 1968

52: DV

53: Publicity material for CPC Conference at Prague, July 1985

54: Soviet Analyst, Sept. 2004

55: "Subversive Theology," Salisbury Review, Sept. 1987

56: Peter Jennings and Eamonn McCabe, The Pope in Britain (Bodley Head, 1982)

57: ibid.

58: Rev. Derek Palmer, Strangers No Longer (Hodder and Stoughton, 1990), 23

59: "Roman Catholic Church to join new ecumenical body," Glasgow Herald, June 21, 1989

60: l'Osservatore Romano (Weekly edition), Nov. 4, 1992

61: Rev. Derek Palmer, Strangers No Longer (Hodder and Stoughton, 1990), 23

62: "Lent Group questionnaire" published jointly by the BCC & Catholic Truth Society, 1986

63: Roger Watson, "Subversive Theology," Salisbury Review, Sept. 1987

64: "The Universe," Sept. 23, 1987

65: Minutes of SCC sub-committee for Mar. 17, 1986

66: Proposals for Inter-Church Process Conference, June 1986

67: Article by Bernadette Meaden in "The Universe" (Aug. 8, 1999)

68: Christopher Story in Soviet Analyst, Sept. 2004

69: A.S. Guimarães, "The Metz Pact," in Catholic Family News, Sept. 2001

70:. Jean Madiran, "The Vatican-Moscow Agreement," in The Fatima Crusader, No. 16

S'AGIT-IL DU SECRET?

Nos conclusions sur le Troisième Secret de Fatima peuvent être exprimées de la manière suivante :

« Au Portugal se conservera toujours le dogme de la foi, mais ailleurs la Russie affaiblira ce même dogme et favorisera ainsi l'émergence de l'Antéchrist, un agent au service de la Russie. Il est celui annoncé par l'Écriture qui abolira la messe et érigera une idole pour le culte de l'humanité tout entière. Puis la Russie envahira toutes les nations, les forçant toutes à adorer l'idole sous peine de mort. Les hommes ne seront plus protégés des tromperies de Satan par la présence du Christ dans la Messe, ce qui lui permettra de présenter de faux miracles afin de suggérer que l'Antéchrist est Dieu. Ces faux miracles conduiront de nombreuses personnes à le suivre et à abandonner la foi. Mais les chrétiens doivent refuser et tenir bon face à la persécution. Cette persécution sera occasionnée par l'Antéchrist participant à une Messe. Telle sera la tentative de Satan de mettre en place son propre royaume sur la Terre, à la place de l'Église. Mais à la fin, mon Cœur Immaculé triomphera, le Saint-Père me consacrera la Russie qui sera sauvée et il sera donné au monde un certain temps de paix. »

S'il s'agit bien du contenu du secret, comme les éléments de preuve avancés l'indiquent, il constitue un avertissement opportun. Mais si tel est le cas, pourquoi le Vatican fait-il état d'un contenu différent, à savoir que tous les événements auxquels il se réfère sont survenus au cours de l'histoire récente ?

Iain Colquhoun
45 St Nicholas Cour, Killay, Swansea SA2 7AG
Royaume-Uni – Juilliet 2013